GOLDMANN
Lesen erleben

Buch

Die Nahrung unserer Vorfahren in der Altsteinzeit bestand hauptsächlich aus Gemüse, Obst, Eiern, Fisch und Fleisch, also vorrangig aus Proteinen und Vitaminen. Naturbelassene, weizen- und glutenfreie Produkte, frei von Hülsenfrüchten und raffiniertem Zucker – das sind auch die Nahrungsmittel, auf denen der Ernährungstrend Paleo basiert. Informativ, unterhaltsam und gut verständlich führen die beiden jungen Autoren Keris Marsden und Matt Whitmore in die Grundlagen der Paleo-Diät ein, mit der jeder schnell und unkompliziert seine überflüssigen Kilos loswird. Mit Paleo fühlt man sich gesünder und dynamischer als je zuvor. Für Hobbyköche mit wenig Zeit haben die Autoren zahlreiche Blitzgerichte kreiert. Über 100 köstliche Rezepte, von kreativen Frühstücksideen bis zu verführerischen Desserts, machen richtig Lust darauf, sofort mit dem Abnehmen und Schlemmen loszulegen!

Autoren

Keris Marsden und Matt Whitmore sind gefragte Gesundheitsexperten und Fitnesstrainer aus London. Nachdem sie sich jahrelang intensiv mit verschiedenen Ernährungstheorien auseinandergesetzt hatten, fanden sie schließlich ihre Erfolgsformel: die Paleo- oder Steinzeiternährung. Mit diesem Buch wollen sie ihre Erkenntnisse mit möglichst vielen Menschen teilen. Zwar lieben beide Sport, ausgewogene Ernährung (und einander!), doch gibt es einen entscheidenden Unterschied: Keris ist ein Nährwertfreak, während Matt als begeisterter Koch gern in der Küche werkelt. Das macht sie zum perfekten Team für dieses Buch.

KERIS MARSDEN/MATT WHITMORE

PALEO
DIE STEINZEITDIÄT

GESUND ABNEHMEN UND NATÜRLICH LEBEN

Aus dem Englischen
von Imke Brodersen

GOLDMANN

Dieses Buch ist auch als E-Book erhältlich.

Verlagsgruppe Random House FSC® N001967
Das für dieses Buch verwendete FSC®-zertifizierte Papier
Profibulk von Sappi liefert ZH-Papier.

1. Auflage
Deutsche Erstausgabe Oktober 2014
Wilhelm Goldmann Verlag, München,
in der Verlagsgruppe Random House GmbH
© 2014 der deutschsprachigen Ausgabe
Wilhelm Goldmann Verlag, München,
in der Verlagsgruppe Random House GmbH
Originaltitel: The Paleo Primer. A jump-start guide to losing body fat and living primally!
Originalverlag: Primal Blueprint Publishing
© 2013 by Keris Marsden and Matt Whitmore
Published by Arrangement with WATERSIDE PRODUCTIONS INC.,
Cardiff-by-the-Sea, CA, USA
Dieses Werk wurde vermittelt durch die Literarische Agentur Thomas Schlück GmbH, 30827 Garbsen
Umschlaggestaltung: Uno Werbeagentur, München
Umschlagillustration: Tafel & Gemüse: finepic®, München;
Autorenfotos: Keris Marsden & Matt Whitmore
Illustrationen: Mark Goodhead
Fotos: Keris Marsden & Matt Whitmore
Weitere Fotos: Jennifer Meier, Librakv/Shutterstock.com, A|1962/Shutterstock.com,
Adisa/Shutterstock.com, and Anna Hoychuk/Shutterstock.com
Redaktion: Ruth Wiebusch
Satz: Uhl + Massopust, Aalen
Druck und Bindung: Těšínska Tiskárna, a.s. Český Těšín
AB · Herstellung: IH
Printed in the Czech Republic
ISBN 978-3-442-17507-9
www.goldmann-verlag.de

Besuchen Sie den Goldmann Verlag im Netz

INHALT

VORWORT

In den letzten Jahren haben die Wortführer der Bewegung für Paleo-, also Steinzeitgesundheit – darunter Robb Wolf, Gary Taubes, Loren Cordain – diverse wegweisende Bücher herausgebracht. Hierzu zähle ich in aller Bescheidenheit auch mein Werk, *The Primal Blueprint.* Diese Bücher vermitteln sehr detailliert und wissenschaftlich fundiert, worum es bei der Rückbesinnung auf unsere steinzeitlichen Vorfahren geht. Nachdem Grundlagenwissen und die Anzahl der Experten zu diesem Thema eindrucksvoll anwachsen, kann es für alle, die viel um die Ohren haben und nun nach klaren, leicht umsetzbaren Vorgaben suchen, sehr angenehm sein, wenn jemand umgehend zur Sache kommt. Viele wollen nur wissen, was sie an ihrer Ernährung wie und warum verbessern sollen, sie wollen Trainingspläne umsetzen und das Gesundheitskonzept auf der Grundlage unserer Steinzeitgene begreifen. Mit **Paleo – Die Steinzeitdiät** ist Matt Whitmore und Keris Marsden genau das auf meisterliche Weise gelungen. Sie haben ein witziges, überaus kreatives und informatives Buch geschaffen, das zu mehr Gesundheit beitragen kann. Ich hoffe sehr, dass Sie damit ebenso viel Freude haben wie ich beim Lesen und wie Matt und Keris beim Schreiben.

Mark Sisson
Malibu/Kalifornien
Mai 2013

Achtzig Prozent der Körperzusammensetzung hängen davon ab, was wir essen. — **MARK SISSON**, *The Primal Blueprint*

EINLEITUNG

Willkommen in der Steinzeit! Wir möchten unsere Leser zu einer Ernährungsumstellung anregen, die erhebliche Auswirkungen auf Gesundheit, Selbstvertrauen und äußere Erscheinung hat. Was auch immer Sie sich vorgenommen haben – mit der Konzentration auf Ihre Gesundheit steigen Ihre Erfolgsaussichten. Ob Sie also abnehmen möchten oder Muskelmasse aufbauen oder einen Sixpack modellieren wollen, ob es darum geht, die 10.000 Meter schneller zu laufen oder etwas gegen das Altern zu tun – die in diesem Buch vorgestellten Grundprinzipien können Sie dabei unterstützen. Die Darstellung bleibt bewusst einfach, die wissenschaftlichen Grundlagen sind kurz und knapp erläutert, und die Rezepte sind so appetitlich, dass Sie es am Ende sicher kaum erwarten können, in die Küche zu gehen. Uns ist durchaus bewusst, dass praktische Aspekte beim Essen mitunter

wichtiger sind als gesundheitliche. Allerdings liegt hier nicht unbedingt ein Widerspruch vor. In diesem Buch finden Sie über 100 unglaublich schmack-hafte und gesunde Mahlzeiten, Zwischenmahlzeiten und Kuchen (ja, auch Kuchen!), die im Handumdrehen vorbereitet sind.

Wir haben persönlich miterlebt, wie Menschen dauerhaft auf eine ge-sündere Lebensweise umgestiegen sind, sobald sie die Grundlagen der Ernährung verstanden hatten. Deshalb geht es in der ersten Hälfte dieses Buches um das entsprechende Fachwissen. Danach können Sie gut informiert ans Werk gehen und finden in der zweiten Hälfte jede Menge Rezepte. Außerdem geben wir Empfehlungen, wie und wo Sie sich noch informieren können und wo die passenden Zutaten erhältlich sind.

ÜBER UNS

KERIS MARSDEN

Nach meinem Diplom in Ernährung und Gesundheitswesen war ich Personal-Trainerin in die Fitnessbranche.

Bis ich mich intensiv mit Ernährung beschäftigt hatte, ließ ich mich – wie wohl die meisten Frauen – vom ausgeklügelten Marketing der Lebensmittelkonzerne und der Diätindustrie leiten.

Ich habe jede bekannte Diät ausprobiert und unzählige Stunden mit Kalorienzählen und Fettsparen vergeudet. Vermutlich hätte ich sogar Papier gegessen, solange nur das Gütesiegel »fettfrei« darauf prangte.

Damals habe ich unablässig um mein Gewicht gekämpft, unter anderem mit Sport. Doch mit Anfang 20 wuchs meine Lernbereitschaft, weil ich schreckliche Akne bekam, der eine Hormonstörung zugrunde lag, das Syndrom der polyzystischen Ovarien. Antibiotika und Antibabypille brachten die Akne zwar unter Kontrolle, aber mir blieb die Befürchtung, dass damit nur die Symptome der Hormonstörung behandelt wurden, nicht die wahre Ursache. Obendrein hatten die Antibiotika katastrophale Auswirkungen auf meine Verdauung, und bald darauf stellte man bei mir ein Reizdarmsyndrom fest.

Im Laufe meiner naturheilkundlichen Ausbildung wurde mir rasch klar, welchen Einfluss unsere Ernährung auf die Hormonlage hat. Ich entdeckte, dass viele Lebensmittel, die ich als nahrhaft eingestuft hatte, meine Gesundheitsprobleme weiter verschlimmerten. Dank meines neuen Wissens tauschte ich meine Getreideflocken mit Sojamilch gegen vollwertige, natürliche, unverfälschte Lebensmittel aus. Die Veränderung war unglaublich: Meine Verdauung verbesserte sich, die Energie blieb stabil, und allmählich regulierte sich sogar mein Hautbild. Und die Hormonstörung verschwand!

Das Wichtigste bei dieser Veränderung aber war meine Erfahrung, dass die Ernährung für die Zusammensetzung des Körpers eine weitaus größere

Rolle spielt als Sport. Ich trainiere immer noch mit Begeisterung, brauche aber nur noch ein paar Termine pro Woche – was mir reichlich Zeit verschafft, mich in meine Ernährungsbücher zu vertiefen.

MATT WHITMORE

Ich bin Personal Trainer und Krafttrainer, und ich esse für mein Leben gern, am liebsten Bacon und Eis. Ich war ein ambitionierter Rugbyspieler, was ich nach diversen Verletzungen leider aufgeben musste. Heute kommt meine Leidenschaft für Sport *Fitter London* zugute, dem Studio, in dem Keris und ich anderen helfen, durch Training und richtige Ernährung fitter und ausgeglichener zu werden.

Ich war immer schlank und habe früher kaum darauf geachtet, was ich esse. Heute ist mir klar, wie unglaublich naiv ich bezüglich meiner Ernährung war, die schließlich die Basis für jegliche körperliche Aktivität darstellt. Diese Einsicht kam erst, als mir mein Körper deutlich zu verstehen gab, dass etwas schieflief. Es begann mit Hautausschlägen. Ich fühlte mich

ständig aufgedunsen und lethargisch, worunter auch das Training litt. Meine Gelenke schmerzten, und eine Verletzung folgte der nächsten. Irgendwann wurde eine systemische Infektion mit dem Hefepilz Candida festgestellt, die vermutlich auf meine Fehlernährung und den vielen Stress zurückging. Das ist zwar nicht lebensgefährlich, aber auch keineswegs angenehm.

Weil Candida-Befall weitgehend über eine Ernährungsumstellung behandelt wird, war dies für mich ein Wendepunkt. Zuckerhaltiges und Fertigkost waren ab diesem Moment nicht mehr angesagt; stattdessen gab es mehr Kräuter, Gewürze und Gemüsesorten.

Ich probierte neue Rezepte, denn ich konnte die Umstellung nur durchhalten, wenn mir das Essen schmeckte. Wer mich kennt, weiß, dass ich wahrlich **gern und viel** esse!

Es klingt unglaublich banal, aber die Veränderung meiner Ernährungsweise hat tatsächlich mein Leben verändert. Die Blähungen verschwanden, ich hatte viel mehr Energie, und meine Trainingsleistung erreichte ein ganz neues Niveau. Es ging mir phantastisch! Und wer das einmal erlebt hat, will nie wieder zurück. Das alles ist mir gelungen, indem ich Gerichte zu mir nahm, die dem Körper rundum guttun. Ich bin ein neuer Mensch – nur Bacon liebe ich immer noch.

KAPITEL 1:
WAS HEISST EIGENTLICH PALEO?

Beim Paleo-Ernährungsansatz geht es darum, »echte« Lebensmittel zu essen. Unter »echt« verstehen wir unverarbeitete Lebensmittel in ihrem natürlichen Zustand. Diese Kategorie umfasst in erster Linie Fleisch, Geflügel, Fisch, Eier, natürliche Fette, Gemüse, Obst, Nüsse, Samen, Kräuter und Gewürze. Ernähren Sie sich wie ein Höhlenmensch, nur auf moderne Weise!

Die Aufforderung »Esst wie die Höhlenmenschen« beruht auf der Einsicht, dass die Steinzeit (das Paläolithikum) der Zeitraum war, in dem die Menschheit sich entwickelt hat. Unsere Urahnen waren körperlich stark und gesund, was sie zu einem nicht geringen Teil ihrer Ernährung zu verdanken hatten. Es gibt für diese Ernährungsform unterschiedliche Bezeichnungen wie »Steinzeitdiät«, »Paleo-Ernährung«, »Urnahrung«, »evolutionsgerechte Ernährung« oder »Höhlenmenschendiät«. Neuerdings existiert auch der Begriff »Paleo 2.0«. Wir persönlich betrachten diese Ernährungsform als »Fitnesskost«.

Jedes Rezept in diesem Buch fördert eine gesunde, an unseren ursprüng-
lichen Bedürfnissen orientierte Lebensweise und liefert zahllose Nährstoffe,
ohne dass der Geschmack darunter leidet. Aus diesem Grunde verwenden
wir teilweise auch Milchprodukte wie hochwertigen Käse, Butter und
Sahne. Auch wenn Milchprodukte erst seit der Jungsteinzeit, dem Neolithi-
kum, den menschlichen Speisezettel bereichern, enthalten sie doch derart
viele gesunde Fette und andere Nährstoffe, dass sie unserer Meinung nach
einbezogen werden sollten, solange keine Laktoseintoleranz oder eine
Kaseinunverträglichkeit vorliegen.

WIR WISSEN, WAS SIE JETZT DENKEN ...

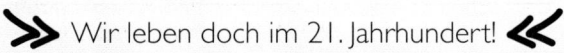 Wir leben doch im 21. Jahrhundert!

Das stimmt zwar, doch vollgestopfte Terminkalender, lange Arbeitszeiten
und das Jonglieren zwischen Familie und Freunden führen zu Stress,
Zeitmangel und dem Griff nach Fertiggerichten. Diese gefährliche Kombination lässt mit der Zeit nicht nur den Bauchumfang anwachsen, sondern
setzt der Gesundheit auch insgesamt zu.
Den schädlichen Auswirkungen unseres modernen Lebens können wir
nur begegnen, indem wir naturnahe Lebensmittel essen, die gesunde Fette,
Antioxidantien, Vitamine und Mineralien liefern. Davon lebt der Mensch
seit mehr als zwei Millionen Jahren, und diese Kost ist jedem Fertiggericht
weit überlegen.

 Aber wurden die Höhlenmenschen nicht höchstens
35 Jahre alt?

Der Vergleich mit dem Durchschnittsalter in der Steinzeit hinkt, allein schon weil ohne moderne Medizin eine weit höhere Säuglings- und Kindersterblichkeit herrschte. Zudem bedeutete bereits eine eher harmlose Verletzung wie ein Knochenbruch häufig den sicheren Tod. Mit dem Siegeszug der Medizin hat sich die menschliche Lebenserwartung in den letzten 100 Jahren deutlich erhöht. Dummerweise werden wir zwar älter, bleiben dabei aber nicht gesund.

> **»** Fleisch, Eier, Butter ... das ist doch jede Menge Fett! Was ist mit meinem Cholesterinspiegel? **«**

Stimmt, unsere Rezepte enthalten gesättigte Fette aus tierischen Produkten. Irritiert Sie das? Das überrascht uns nicht, obwohl es völlig grundlos ist. Gesundheitsempfehlungen beruhen leider häufig eher auf politischen oder wirtschaftlichen Interessen denn auf dem ehrlichen Wunsch, die Menschen insgesamt gesünder zu machen. Häufig stecken nicht einmal tragfähige wissenschaftliche Ergebnisse dahinter. Zum Beispiel hieß es jahrelang, dass der Verzehr von cholesterinreichen Lebensmitteln mit vielen gesättigten Fetten die Adern verstopft und das Herz gefährdet. Neuere Studien haben diese Hypothese vollständig widerlegt, weil der Zusammenhang in dieser Form einfach nie existiert hat. Drei große Kohortenstudien (die Framingham Studie[1], die Honolulu Herzprogramm-Studie[2] und die japanische Studie Lipid Intervention Trial[3]) kamen alle zu dem Schluss, dass ganz im Gegenteil ein niedriger Cholesterinspiegel das Herz-Kreislauf-Risiko sogar erhöht.[4] Zudem fand man keinen statistisch signifikanten Zusammenhang zwischen Herzerkrankungen und gesättigten Fetten.[5]

Dank geschickter Marketingkampagnen konnte die Lebensmittelindustrie für noch mehr Verwirrung sorgen, indem das Fett zum Erzfeind erklärt wurde und man uns einredete, wir sollten lieber von fettarmen Getreideflocken, Knäckebrot und Vollkornbrot leben. Hinzu kommt der Einfluss der Pharmaindustrie, welche die nötigen Arzneimittel bereitstellt, die uns »gesund« machen, wenn uns eine solche Ernährungsweise nicht bekommt. Manchmal will man uns sogar »gesund« machen, obwohl uns gar nichts fehlt.

Cholesterin ist für den menschlichen Körper ein wichtiger Nährstoff.
Es löst ebenso wenig eine Herzerkrankung aus wie gesättigte Fette.[6]
Das ist erlösend, denn damit sind Eier mit Schinken endlich wieder ein
gesünderes Frühstück als fettarmes Müsli und Vollkorntoast.
Informieren Sie sich gründlich, damit Sie mit Ihrem Arzt auf Augenhöhe
sprechen können, wenn diesem Ihr Cholesterinspiegel zu hoch erscheint.
Inzwischen untermauern neuere Untersuchungen die These, dass andere
Faktoren wie Zucker[7] und ein zu hoher Anteil an Omega-6-Fettsäuren[8]
bei Herzerkrankungen eine weitaus größere Rolle spielen.
Bevor wir fortfahren, möchten wir eines betonen: Entscheidend ist die
Qualität der verwendeten Lebensmittel. Wie man die besten und gesün-
desten Lebensmittel auswählt, wird im Kapitel »Das gehört auf den
Einkaufszettel« erklärt.

GUTE GRÜNDE FÜR PALEO

Paleo ist Lebensqualität. Sie sehen besser aus, fühlen sich großartig, leben länger und freuen sich über ...

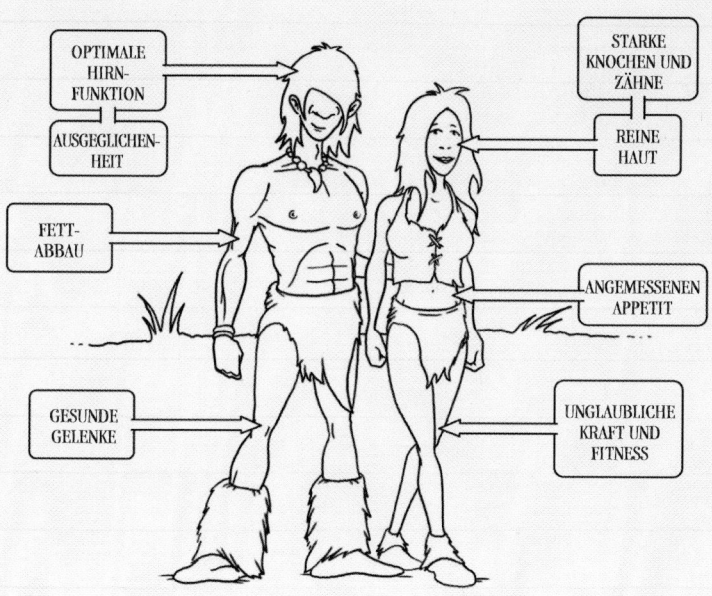

OPTIMALE HIRN-FUNKTION

AUSGEGLICHEN-HEIT

FETT-ABBAU

GESUNDE GELENKE

STARKE KNOCHEN UND ZÄHNE

REINE HAUT

ANGEMESSENEN APPETIT

UNGLAUBLICHE KRAFT UND FITNESS

Kapitel 2:

Anzeichen einer Fehlernährung

Viele Menschen schielen nur auf ein niedrigeres Körpergewicht, während wir uns in Wirklichkeit auf mehr Gesundheit konzentrieren sollten. Der Körper gibt recht deutliche Warnsignale, wenn die Dinge nicht so laufen, wie sie sollten. Solche Signale ignorieren wir jedoch zu häufig oder halten sie womöglich für normal. Fangen wir an, auf das zu hören, was der Körper uns sagen will, und werfen wir einen Blick auf verbreitete verräterische Symptome.

1. SIE SETZEN FETT AN

Es klingt banal, aber viele Menschen ignorieren einfach, dass sie ein paar Kilo leichter sein sollten! Die Weltgesundheitsorganisation (WHO) prognostiziert für das Jahr 2015 weltweit 2,3 Milliarden übergewichtige Erwachsene, von denen über 700 Millionen als stark übergewichtig (adipös) eingestuft werden.[9] Gewichtsabhängige Gesundheitsprobleme häufen sich heute sogar in Regionen, die nie zuvor damit zu kämpfen hatten.

HINTERGRUNDINFO: KÖRPERBAU

Genetisch sind wir dazu bestimmt, den ganzen Tag in Bewegung zu bleiben. Die meisten Menschen sitzen bei der Arbeit jedoch von morgens bis abends am Schreibtisch. In der übrigen Zeit nutzen wir Autos, Rolltreppen und Fernbedienungen, die uns noch mehr Bewegung abnehmen. Gleichzeitig liefert unsere Ernährung dank stark verarbeiteter, vorgefertigter Produkte mehr Kalorien denn je. Frühstücksflocken, Kartoffelchips, Schokoriegel oder Tiefkühlgerichte sind preisgünstig und oft praktischer, als zu Hause aus frischen Zutaten selbst etwas zu kochen. Die Bequemlichkeit hat jedoch ihren Preis. Die meisten dieser Produkte enthalten reichlich Zucker, Fette von schlechter Qualität sowie Konservierungsstoffe und sonstige Zusätze, für deren Verzehr der menschliche Körper nie gedacht war und auf die unser Darm nicht vorbereitet ist. Sie stören den Hormonhaushalt und bringen den Stoffwechsel durcheinander. Der Stoffwechsel ist das Tempo, in dem der Körper Kalorien verbraucht, und alles, was diesen Prozess behindert, führt zu einer chronischen Gewichtszunahme.

2. SIE KOMMEN MORGENS NICHT AUS DEN FEDERN

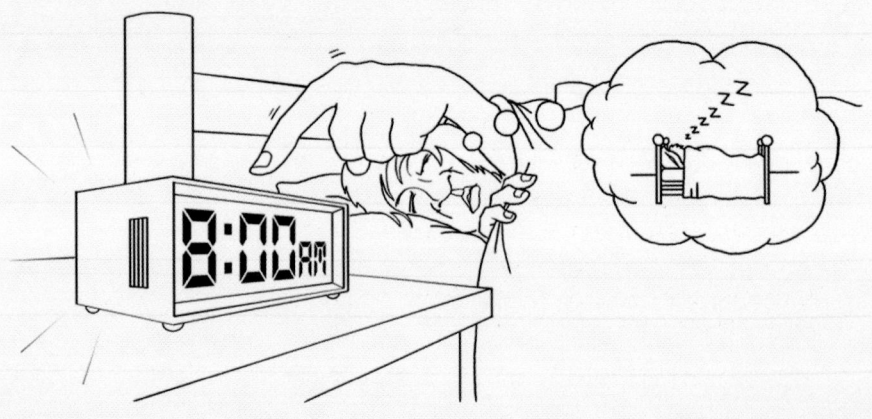

Wie man sich morgens fühlt, ist ein guter Hinweis auf den Gesundheitszustand. Im Idealfall erwacht der Körper nach acht Stunden erholsamem Schlaf von selbst. Wir sollten nicht einmal einen Wecker brauchen – kaum vorstellbar, oder? Stattdessen drücken wir mindestens drei Mal die »Snooze«-Taste und brauchen dann noch zehn Minuten, bis wir uns entschieden haben, welchen Teil der Morgenhygiene wir notfalls opfern, um noch etwas länger liegen zu bleiben. In der Küche angekommen, steht uns der Sinn nur noch nach Kaffee, um den Tag zu überstehen, bis wir endlich wieder ins Bett sinken können.

HINTERGRUNDINFO: HORMONE

Morgendliche Müdigkeit zeigt an, dass die Hormonregulierung nicht optimal funktioniert. Dies gilt insbesondere für die Hormone, die den Blutzucker steuern (Insulin) und für den Energiepegel zuständig sind (Kortisol). Diese Hormone haben großen Anteil an den Energieschwankungen im Tagesverlauf und unterliegen dem Einfluss von Faktoren wie Stress, Schlafqualität, körperlicher Aktivität und natürlich dem, was wir essen und trinken. Das Schöne an Hormonen ist, dass sie wie ein Orchester an der Sinfonie des jeweiligen Tages mitwirken. Sobald jedoch ein Instrument (oder ein Hormon) aus dem Takt gerät, leidet die gesamte Aufführung, und bald kommen auch die anderen Hormone durcheinander, die für Sexualität, Schlaf und Verdauung verantwortlich sind. So entstehen verbreitete Beschwerden wie das prämenstruelle Syndrom (PMS), das Syndrom der polyzystischen Ovarien (PCOS), das Reizdarmsyndrom und dummerweise auch ein Rückgang der Libido.

3. SIE LEIDEN AN BLÄHUNGEN

Sie können es gerne abstreiten, doch letztlich kennt es jeder. Übermäßige Winde sind meist ein klares Anzeichen, dass bestimmte Lebensmittel der Verdauung sehr zusetzen. Und man kann schließlich nicht immer vorwurfsvoll den Hund ansehen.

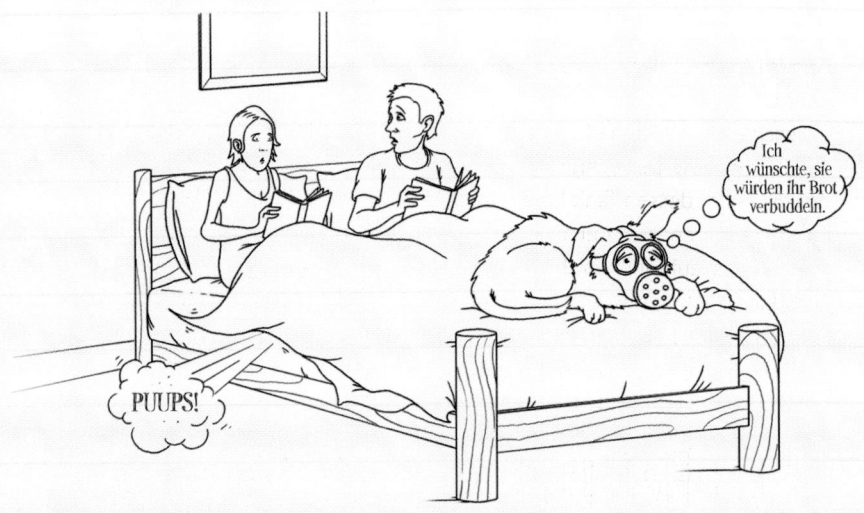

HINTERGRUNDINFO: VERDAUUNG

Viele Experten sind inzwischen der Meinung: Der Weg zur Gesundheit führt über einen gesunden Darm. Eine gesunde Verdauung ist in der Tat weitaus wichtiger, als man denkt. Dennoch ist das Reizdarmsyndrom heutzutage sehr verbreitet. Die Symptome reichen von Magenkrämpfen, Blähungen und Aufstoßen bis hin zu Durchfall oder Verstopfung. Die meisten Menschen leiden täglich darunter und halten es daher schlichtweg für normal, dabei versucht der Körper, uns mitzuteilen, dass er mit dem, was wir in ihn hineinstopfen, nicht zufrieden ist. Viele moderne Lebensmittel sind stark verarbeitet und führen zu Verdauungsstörungen. Man sollte derartige Symptome nicht ignorieren, denn die Verdauung bildet den Grundstein für den gesamten Stoffwechsel. Deshalb beeinträchtigen Verdauungsprobleme immer auch die Stoffwechselaktivität. Wenn man der Nahrung nicht alle Nährstoffe, Vitamine und Mineralien richtig entziehen kann, führt eine gestörte Verdauung zudem häufig zu Mangelerscheinungen. Selbst das Immunsystem leidet darunter. Wussten Sie, dass unser Immunsystem zu 85 Prozent im Darm angesiedelt ist? Der Darm soll uns schützen und eine Schwelle zwischen Außenwelt und Körper darstellen. Doch unsere Nahrung ist teilweise derart aggressiv, dass sie mikroskopisch feine Löcher in die Darmwand frisst, durch die Nahrungspartikel, Bakterien oder Giftstoffe in den Körper gelangen können. Eine derartige Bombardierung mit körperfremden Substanzen irritiert das Immunsystem und führt zu einer Überreaktion, die alle möglichen Gesundheitsprobleme nach sich zieht.

Dieser Zustand, eine übermäßig durchlässige Darmwand, wird als »Leaky-Gut-Syndrom« bezeichnet und sollte nicht ignoriert werden. Denken Sie an ein Auto, dessen Tank leckschlägt. Wie viel wir auch nachfüllen, irgendwann geht dennoch der Treibstoff aus, und es kommt ruckelnd zum Stehen. Genau das läuft auch im Körper ab, wo den Verdauungsstörungen bald weitaus schlimmere Probleme wie chronische Müdigkeit, Fieber, Arthritis, Ekzeme, Asthma oder Migräne folgen.

4. HAUTERSCHEINUNGEN

Ist Ihnen schon einmal aufgefallen, wie sehr ein Wochenende voll Völlerei und Alkohol der Haut zusetzt? Der Blick in den Spiegel zeigt Unreinheiten, Fältchen, trockene oder fettige Haut, einen matten Teint oder dunkle Ringe unter den Augen — das sind Hilfeschreie des Körpers! Bei entzündlichen Hauterkrankungen wie Akne, Ekzem, Schuppenflechte und Dermatitis meldet er sich noch deutlicher zu Wort. Die üblichen Behandlungsmethoden mit Cremes und Lotionen helfen nur oberflächlich, weil die eigentliche Ursache jenseits der Haut liegt. Es besteht nämlich ein enger Zusammenhang zwischen einer überdurchlässigen Darmwand und Hautproblemen.

HINTERGRUNDINFO: ENTGIFTUNG UND ENTZÜNDUNGEN

Der Zustand der Haut spiegelt die allgemeine Gesundheit wider.
Die Haut ist das größte Entgiftungsorgan des Körpers. Unreinheiten sind
daher ein Anzeichen für eine Überlastung mit Giftstoffen. Und sehen
wir der Sache ins Auge: Wir sind tagtäglich mit Giftstoffen konfrontiert.
Umweltverschmutzung, Medikamente und Chemikalien aller Art gelangen
über Nahrung und Wasser in unseren Körper. Wenn der Darm uns davor
nicht mehr bewahren kann, zeigt sich das Ergebnis oft im Hautbild.

ENTZÜNDUNGSFÖRDERNDE LEBENSMITTEL

Wenn Hautprobleme ein Zeichen für Entzündungen sind — welche
Lebensmittel fördern die Entzündungsbereitschaft und sollten daher
gemieden werden?

* Zucker aller Art (siehe Kapitel 5)
* Mehrfach ungesättigte Fettsäuren und gehärtete Transfette
  (siehe Kapitel 4)
* Kommerzielle Milchprodukte (siehe Kapitel 4)
* Wurstwaren und verarbeitetes Fleisch aus Masttierhaltung
  (siehe Kapitel 8)
* Jodsalz (siehe Kapitel 8)
* Alkohol in jedweder Form (siehe Kapitel 6)
* Konvervierungsstoffe, künstliche Aromen, künstliche Süßungsmittel
  und Zusatzstoffe (siehe Kapitel 4)
* Raffiniertes und Vollkorngetreide, insbesondere Weizen und Mais
  (siehe Kapitel 4)

DIE LÖSUNG: HEILUNG VON INNEN HERAUS

Im Grunde genommen ist es einfach: Der einzige Weg zu einem dauerhaft gesunden Körper führt über eine Verwandlung von innen heraus. Man kann die Symptome einer Fehlernährung mit Pillen und Pülverchen bekämpfen, aber letztlich sollten wir dem Problem auf den Grund gehen. Verlassen Sie sich lieber auf eine gesunde Ernährung. Die Veränderungen sind augenfällig!

STABILER BLUTZUCKER

Stark verarbeitete Lebensmittel führen zu starken Blutzuckerausschlägen. Ersetzen Sie solche Produkte durch vollwertige, natürliche Nahrung mit langsamer, stetiger Nährstofffreisetzung. So können Hormone und Fettstoffwechsel sich ideal regulieren.

VERDAUUNG ENTLASTEN

Nachdem wir erklärt haben, wie wichtig eine gesunde Verdauung ist, können Sie nachvollziehen, warum man alles, was den Darm reizt, unbedingt einschränken oder ganz darauf verzichten sollte. Bei den üblichen Verdächtigen steht stark ausgemahlenes Getreide ganz oben auf der Liste, besonders wenn es glutenhaltig ist.

ENTZÜNDUNGEN EINDÄMMEN

Die meisten degenerativen Erkrankungen — einschließlich Herzerkrankung, Krebs und Diabetes — nehmen rund um den Globus in alarmierendem Tempo zu. Dahinter steckt eine Entzündungsneigung des Körpers, die durch vernünftige Ernährung sehr gut zu beeinflussen ist.

ENTGIFTUNG UNTERSTÜTZEN

Unsere Nahrung sollte die Leberfunktion unterstützen, anstatt ihr mit Zucker, schnell verdaulichen Kohlenhydraten, Konservierungsstoffen, Zusatzstoffen, synthetischen Hormonen oder Antibiotika aus Mastviehbetrieben oder Fischfarmen noch mehr Arbeit aufzubürden. Anders herum unterstützen natürliche, vollwertige, nährstoffreiche Lebensmittel wie Gemüse, Obst, Kräuter und Gewürze die Entgiftung der Leber.

Wie aber kann Ernährung all das erreichen? Mehr dazu im nächsten Kapitel.

KAPITEL 3:
UMDENKEN UND GESÜNDER LEBEN

Bevor wir uns den Grundprinzipien der Ernährung zuwenden, sollten wir unsere Einstellung zum Essen unter die Lupe nehmen.

Viele Menschen essen gegen Frust und Stress oder aus Langeweile. Überall liegen Verlockungen bereit, so dass wir ständig gegen unsere Höhlenmenschinstinkte ankämpfen müssen, die uns dazu aufrufen, alles Verfügbare in uns hineinzustopfen. Deshalb ist die richtige Einstellung so wichtig. Unser Gehirn ist ein mächtiges Werkzeug, das uns dabei unterstützen kann. Konzentrieren Sie sich daher auf Ihre gesundheitlichen Ziele. Erinnern Sie sich immer wieder daran, warum Sie dies wollen, und malen Sie sich das Ergebnis aus. Dabei helfen die folgenden sieben Punkte:

1. KEINE AUSREDEN

In diesem Buch wird alles erklärt, was Sie wissen müssen. Wir haben uns große Mühe gegeben, beliebte Gerichte durch schmackhafte, gesunde Alternativen zu ersetzen, damit Sie nicht das Gefühl haben, dass Sie auf etwas verzichten müssen.

Ich nehme den gedünsteten Fisch und Salat, aber könnten Sie mir versehentlich auch Knoblauchbrot und Pommes bringen?

2. KEINE »DIÄT«

Es geht um eine grundsätzliche Umstellung. Unser Körper ist nicht auf Flüssigmahlzeiten oder Fertiggerichte eingestellt. Deshalb nehmen Menschen vielfach wieder zu, sobald sie nach einer Diät wieder »normal« essen. Die von uns empfohlene Ernährungsumstellung sollten Sie für immer beibehalten. Das mag einschüchternd klingen, ist es aber gar nicht. Sie bekommen lauter leckere Dinge und sehen dabei blendend aus!

3. GESUND HEISST NICHT FAD UND LANGWEILIG

Paleo bedeutet nicht, dass Essen künftig eine triste, geschmacklose Veranstaltung ist. Wenn es Ihnen nicht schmeckt, besteht kaum Aussicht darauf, dass Sie dabeibleiben. Unsere Paleo-Rezepte werden Ihnen beweisen, dass vollwertiges, nährstoffreiches Essen richtig lecker sein kann!

Die übliche Vorstellung von »gesund«

Gesunde Paleo-Ernährung

4. SIE KÖNNEN UNMÖGLICH DARAUF VERZICHTEN

Gesundes Essen ist zeitaufwändig und teuer? Es mag ja verlockend sein, auf dem Heimweg statt hochwertigem Fleisch oder frischem Gemüse ein Schnellgericht in den Wagen zu legen. Langfristig allerdings zahlen Sie doch dafür, denn gesundheitliche Probleme können verflixt kostspielig werden. Achten Sie auf Sonderangebote und vergleichen Sie die Preise, aber machen Sie keine Abstriche bei der Qualität.

5. PALEO GEHT IMMER UND ÜBERALL

Viele glauben, dass gesunde Ernährung und Ausgehen nicht zusammenpassen. Andererseits: Steak und Spinat gibt es fast überall. Es ist super einfach, unsere Grundprinzipien im ganz normalen Leben umzusetzen. In Kapitel 6 geben wir auch Hinweise zum Umgang mit der größten Herausforderung beim Ausgehen: Alkohol! Das Zauberwort lautet Mäßigung.

6. MAN KANN OHNE PIZZA UND KUCHEN LEBEN (MUSS MAN ABER NICHT!)

Jeder hat Leibspeisen, ohne die man sich irgendwann hundeelend fühlt. Sie müssen jedoch keineswegs alles aufgeben. Manchmal geht es nur darum, sich gesündere Varianten auszudenken.

Blumenkohlpizza

Schokoladenkuchen mit Maronen

7. ES LOHNT SICH!

Der Erfolg kommt nicht über Nacht, denn bei vielen von uns haben Stoffwechsel und Gesundheit viele Jahre unter Fehlernährung gelitten.
Vertrauen Sie Ihrem Körper, geben Sie ihm, was er braucht – aber lassen Sie ihm auch die Zeit, die vielen Jahre der Überlastung zu verschmerzen. Je entspannter Sie mit dem Thema Gesundheit umgehen und Ihrem Körper auch das eine oder andere Pölsterchen verzeihen, desto schneller läuft die Sache rund.

Kapitel 4:
Ernährung – Wissen ist Macht!

Je mehr Sie über Ernährung wissen, desto besser haben Sie Ihre Gesundheit im Griff. Legen Sie also die Beine hoch und genießen Sie unseren Überblick über die Grundprinzipien.

NÄHRSTOFFE KURZ UND KNAPP

Es gibt *Makronährstoffe* und *Mikronährstoffe*. Erstere versorgen den Körper mit Kalorien (Energie) und kommen in Form von Kohlenhydraten, Eiweiß (Protein) und Fett vor. Letztere sind Substanzen, die für unsere Gesundheit von größter Wichtigkeit sind, wie Vitamine, Mineralstoffe und Antioxidantien.

MAKRONÄHRSTOFFE (ENERGIE)

Wir sprechen von »Makro« (groß), weil der Körper hiervon erhebliche Mengen benötigt, um den Energiebedarf für Wachstum oder Stoffwechsel zu decken. Unsere diesbezügliche Auswahl hat enorme Auswirkungen auf die Gesundheit. Damit Sie verstehen, wie wichtig die Makronährstoffe sind, erklären wir hier ganz kurz, wofür der Körper sie braucht.

PROTEIN
Proteine, also Eiweiße, sind für den menschlichen Körper lebenswichtig. Daraus sind wir geschaffen! Typische Proteinquellen sind Fleisch, Fisch, Milchprodukte und Eier. Der Körper zerlegt Proteine in Aminosäuren, die wiederum dazu dienen, das gesamte Gewebe aufzubauen und zu erhalten: von Haut, Haaren und Nägeln bis hin zur Muskulatur. Daneben transportieren Proteinmoleküle andere Nährstoffe dorthin, wo der Körper sie benötigt. Eine ausreichende Proteinversorgung ist für die Gesundheit unerlässlich.

KOHLENHYDRATE

Kohlenhydrate sind für den Körper eine wichtige Energiequelle. Nicht nur das Gehirn, sondern auch die Muskeln greifen bei mittlerer bis hoher Beanspruchung gern darauf zu. Der Körper zerlegt alle Kohlenhydrate in einzelne Glukosemoleküle. Deshalb unterscheidet man Kohlenhydrate danach, wie sehr sie den Glukosegehalt im Blut (Blutzuckerspiegel) beeinflussen. Schnell resorbierbare Kohlenhydrate gelten als »einfach« oder »stark glykämisch«, weil sie den Blutzucker rasch ansteigen lassen. In diese Kategorie fallen Süßigkeiten, süße Backwaren und Frühstückscerealien. Dem Energieschub, den solche Lebensmittel liefern, folgt normalerweise ein rascher Energieabfall, das so genannte Zuckertief oder Blutzuckertal. Dann bekommt man Hunger, besonders auf Zuckerhaltiges. Um gesund zu bleiben, sollten wir solche Zuckerspitzen und Zuckertäler vermeiden. Aus diesem Grund sollte der Kohlenhydratbedarf vornehmlich über »komplexe« Kohlenhydrate mit einem »niedrigen glykämischen Index« gedeckt werden. Sie werden deutlich langsamer verstoffwechselt und sorgen so für einen stabileren Blutzucker. Faserreiche Lebensmittel wie Gemüse und Süßkartoffeln haben einen niedrigen glykämischen Index, weil ihre Fasern die Zuckeraufnahme hinauszögern.

FETT

Prägen Sie es sich gründlich ein: **Fett macht nicht fett!**
Fett ist seit 2,5 Millionen Jahren ein zentraler Bestandteil der menschlichen Ernährung. Hierzu gehören auch die lange Zeit verteufelten gesättigten Fette, die in erster Linie tierischen Ursprungs sind. Wissen Sie, wie schlecht es Menschen geht, die eine fettarme Diät machen? Wir schon! (Schließlich haben wir es am eigenen Leib erfahren.) Fett erfüllt im Körper wichtige Aufgaben. Es liefert Kalorien (also Energie) und hat entscheidenden Anteil am Nährstofftransport, insbesondere bei den fettlöslichen Vitaminen A, D, E und K. Ohne Fett aus der Nahrung können diese Vitamine nicht richtig aufgenommen werden.
Fett kann sogar entscheidend zum Abnehmen beitragen. Ja, wirklich! Allerdings kommt es auf Art und Qualität an. Die 1972 erstmals von Dr. Atkins propagierte *Atkins-Diät* war noch keine Zauberformel, beschrieb aber immerhin, dass nicht das Fett, sondern Zucker und raffinierte Kohlenhydrate der größte Feind der schlanken Taille sind.
Wie bereits erwähnt, sollte ein stabiler Blutzuckerspiegel das zentrale Ziel

jeder Ernährungsumstellung sein. Fette in der Nahrung tragen dazu bei, indem sie dafür sorgen, dass die Nährstoffe langsamer ins Blut übergehen. Ein wenig Olivenöl oder Butter schadet also keinesfalls. Es trägt im Gegenteil zur Appetitregulierung bei und hält den Energiepegel konstant. Außerdem isoliert Fett vor Kälte, schützt Organe und Gelenke und ist an zahlreichen wichtigen Stoffwechselprozessen und hormonellen Regelmechanismen beteiligt. Obendrein ist es für die Hirngesundheit unverzichtbar. Evolutionsbiologen halten tierisches Fett sogar für den entscheidenden Katalysator für die Entwicklung komplexer Hirnfunktionen.

Das Hauptproblem an der heutigen Ernährung ist demnach nicht das Fett selbst, sondern die Art der Fette. Die Paleo-Empfehlung, ruhig gesättigte Fette zu verzehren und lieber bei mehrfach ungesättigten pflanzlichen Ölen zu sparen, steht in direktem Widerspruch zu jahrzehntelang verbreiteten offiziellen Vorgaben. Wie der führende Wissenschaftsjournalist Gary Taubes in seinem Buch *Why We Get Fat* detailliert darlegt, gibt es keinerlei wissenschaftlich haltbaren Beweis für die These, dass gesättigte Fette ungesund sind. Kritisch wird ihr Vorhandensein im Blut erst, wenn man zugleich zu viele Kohlenhydrate isst und die Insulinproduktion ansteigt.

MIKRONÄHRSTOFFE (VITAMINE UND MINERALSTOFFE)

Mikronährstoffe kann der Körper nicht selbst erzeugen, braucht sie jedoch für zahlreiche Abläufe. Sie müssen über die Nahrung aufgenommen werden. Zu den Mikronährstoffen zählen Mineralien wie Zink, Magnesium und Kalium, aber auch alle Vitamine (A, B, C, D, E und K).

Vitamin- und Mineralstoffmängel nehmen leider global zu. Das liegt unter anderem an der Industrialisierung der Landwirtschaft mit großen Monokulturen und dem Einsatz von Pestiziden. Dadurch sinkt der Mineralstoffgehalt im Boden. Pflanzen, die auf derartigem Untergrund wachsen, haben dann einen signifikant niedrigeren Gehalt an Mikronährstoffen. Hinzu kommen das verbreitete Ernten vor der vollen Reife, lange Lagerhaltung und weite

Transportwege. Zudem enthalten einige Produkte wie Brot, Nudeln oder Frühstücksflocken so genannte Phytate, die Mineralstoffe wie Zink und Magnesium binden, so dass der Körper sie nicht mehr aufnehmen kann. Eine sichere, optimale Nährstoffzufuhr ist für den Stoffwechsel jedoch von größter Bedeutung, zumal viele Nährstoffe Hand in Hand arbeiten. Zum Beispiel brauchen wir Zink, um Vitamin A aufzunehmen, so dass Zinkmangel auch bald zu Vitamin-A-Mangel führt.

WOHER STAMMEN UNSERE NÄHRSTOFFE?

Wie Makro- und Mikronährstoffe den Grundstein der Ernährung bilden, haben wir gerade geklärt. Kommen wir jetzt zur täglichen Versorgung. Für die Makronährstoffe legen wir den aktuellen amerikanischen Idealteller zugrunde, der seit 2011 vom Landwirtschaftsministerium empfohlen wird.

MODERNE ENERGIEZUFUHR

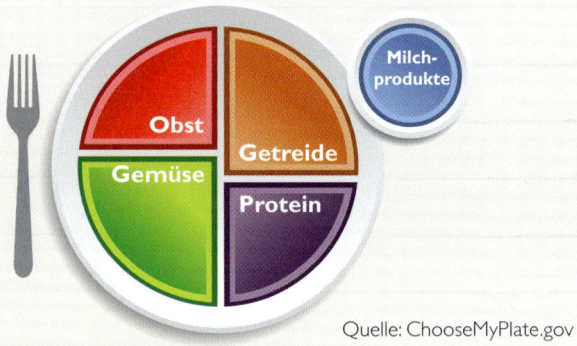

Quelle: ChooseMyPlate.gov

Wie Sie sehen, machen Früchte (20 Prozent) und Gemüse (30 Prozent) die Hälfte des Tellers aus. Das ist schon mal ein guter Anfang. Danach folgen stark verarbeitete Lebensmittel, insbesondere solche mit reichlich Kohlenhydraten wie Brot und Frühstücksflocken (30 Prozent). Laut Empfehlung der amerikanischen Regierung sollten Proteinquellen wie Soja, Bohnen und mageres, fettarmes Fleisch sowie Fisch einen kleineren Teil der Kalorienzufuhr ausmachen (20 Prozent). Außerdem rät man den Amerikanern zu »flüssigen« Milchprodukten, also fettarmer oder entrahmter Milch (0,8 bis 1,5 Prozent) oder Sojamilch mit Kalziumzusätzen. Fette oder Öle tauchen auf dem Teller überhaupt nicht auf, da die Regierung sie als »leere Kalorien« einstuft, die zu begrenzen sind.

Was ist nun das Problem an diesem fettarmen Bild? Nun, damit bekommen wir schlicht und einfach zu viele Kohlenhydrate. Auf die Dauer ist der Körper damit überfordert, und wir können Kohlenhydrate immer schlechter verwerten.

GESTATTEN? MEIN NAME IST MUFFIN.

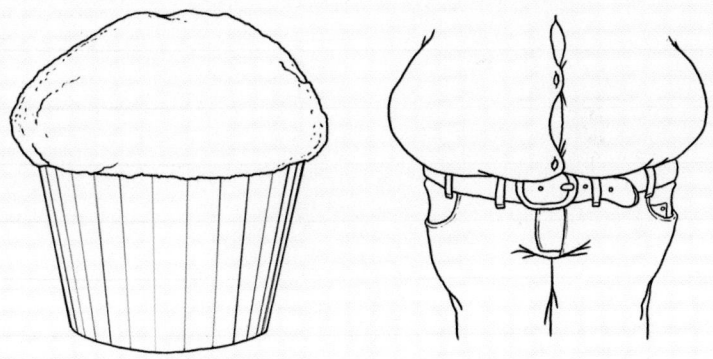

Fetteinlagerung um die Körpermitte ist ein klares Zeichen, dass Kohlenhydrate nicht mehr zur Energiegewinnung genutzt werden – und die Speckwampe hat in den letzten Jahren dramatisch zugenommen.

Wir wollen Kohlenhydrate damit keineswegs verteufeln, insbesondere da der Kohlenhydratbedarf je nach Gewicht, Aktivität, Abstammung, Alter und Gesundheitszustand sehr unterschiedlich sein kann. Was wir jedoch unterstreichen möchten, ist, dass es bessere Kohlenhydratquellen gibt und dass auch diese keinen so großen Raum auf dem Teller einnehmen sollten. Im Folgenden zeigen wir den verbesserten Idealteller von Hannah Sutter, einer ehemaligen Arbeitsrechtlerin. Von ihr stammt das Buch *Big Fat Lies: Is Your Government Making You Fat?*

Auf Sutters Teller finden wir weder Brot, Nudeln, Couscous oder Getreide-flocken noch Kekse, Müsliriegel, Smoothies oder Limonade. Stattdessen präsentiert sie viel Protein und gesunde Fette.

Mit freundlicher Genehmigung von Hannah Sutter
HannahSutter.com

HORMONE UND FETTEINLAGERUNG

Fetteinlagerungen im Bereich der Körpermitte zeigen auch an, dass der Körper seine Fähigkeit einbüßt, angemessen auf Insulin zu reagieren. Dieses Hormon wird beim Essen ausgeschüttet. Es teilt dem Körper mit, wie er Kohlenhydrate einsetzen soll, und schleust den Zucker zur Energiegewinnung in die Zellen. Beim Verzehr von stark verarbeiteten Produkten gelangen rasch große Zuckermengen ins Blut, so dass der Körper viel Insulin bereitstellen muss, um den Zucker zu verarbeiten. Wenn so etwas zu häufig vorkommt, beginnt irgendwann die Insulinresistenz: Die Zellen reagieren immer schlechter auf das Vorliegen von Insulin, und wenn wir essen, wandeln die Zellen den Zucker lieber in Fett um, anstatt ihn zur Energiegewinnung zu verwenden.

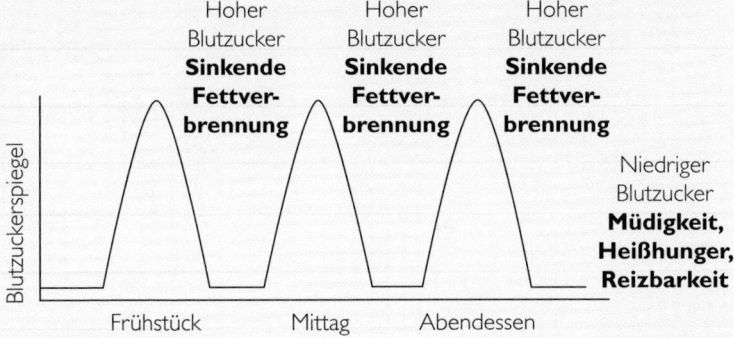

Der Ausweg besteht in einem ausgeglichenen Blutzuckerspiegel durch Verzehr von Fett, Proteinen und langsam verwertbaren Kohlenhydraten im richtigen Verhältnis. So wird im Zusammenspiel eine stetige Energiezufuhr sichergestellt.

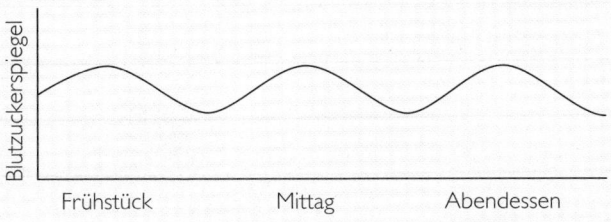

LEPTIN: DAS ANDERE HORMON

Ein weiteres Hormon, das Ihnen geläufig sein sollte, ist Leptin. In den 1990er Jahren entdeckten Wissenschaftler der Rockefeller Universität, dass das in den Fettzellen eingelagerte Leptin für die Körperfettregulierung verantwortlich ist. Seine Funktion stammt noch aus den Anfängen der Menschheit, als immer wieder Hungerzeiten auftraten. Leptin teilt dem Gehirn mit, ob der Körper ausreichend Fett gespeichert hat, um eine Hungerperiode zu überstehen. Wenn nicht genug Fett vorliegt, drosselt der Körper den Stoffwechsel, damit im Laufe des Tages weniger Kalorien verbraucht werden. Leptin steigert auch den Appetit, damit wir losziehen und Nahrung suchen. Wenn wir dann endlich etwas essen, bekommen wir reichlich Nährstoffe und lagern schnell mehr Fett ein.

Solange Leptin richtig funktioniert, wird das Körperfett optimal reguliert. Bei der falschen Ernährungs- und Lebensweise kann es jedoch zu einer »Leptinresistenz« kommen. In diesem Fall teilt Leptin dem Gehirn mit, dass der Körper ausreichend Fett gespeichert hat, aber das Gehirn versteht die Botschaft nicht. Darum bedrängt es den Körper weiterhin, Fett einzulagern. Zu den typischen Ursachen für eine Leptinresistenz zählen:

* ungesättigte Fette im Übermaß (mehr dazu später)
* Überessen und Fressattacken
* Kalorien sparen
* Alkohol
* Weizen
* Fruktose/Fruchtzucker (mehr dazu in Kapitel 5)
* Stress
* raffinierte und stark verarbeitete Kohlenhydrate
* Insulinspitzen (siehe oben)

ANDERE MODERNE DICKMACHER

Seit moderne, stark verarbeitete Lebensmittel überall erhältlich sind, geht es mit unserer Gesundheit bergab. Sehen wir einmal genauer hin.

I. GETREIDE

Von offizieller Seite wird nach wie vor empfohlen, einen Großteil des Energiebedarfs über Kohlenhydrate aus Getreide zu decken. Dieser Rat gilt praktisch weltweit. Der Tag beginnt mit Müsli, Frühstücksflocken oder Brot, später gibt es einen Müsliriegel, mittags Nudeln, Pizza oder einen Salat (mit Baguette), und abends Abendbrot (wieder Brot!).

Das ist ein Problem, weil damit nahezu jede Mahlzeit Gluten enthält, das Klebereiweiß aus Getreide, das Teig seine Elastizität verleiht. Untersuchungen zufolge liegt zumindest in Amerika bei bis zu einem Drittel der Bevölkerung eine Glutenintoleranz (Unverträglichkeit) oder Glutensensitivität (Überempfindlichkeit) vor, die zahlreiche unangenehme Symptome wie Müdigkeit, Gelenkschmerzen, Reflux von Magensäure und Hautprobleme nach sich zieht.

Noch gefährlicher wird es bei Zöliakie, einer Immunreaktion auf Gluten, bei der die Dünndarmschleimhaut angegriffen wird und somit die Nährstoffaufnahme gestört ist. Die Zahlen der Betroffenen mit diagnostizierter Zöliakie schwanken je nach Region zwischen 0,1 und einem Prozent der Bevölkerung. Allerdings wissen bis zu 83 Prozent der Betroffenen nichts von ihrer Erkrankung. Angesichts des steigenden öffentlichen Bewusstseins dürfte die Anzahl der Diagnosen in den nächsten Jahren jedoch erheblich anwachsen.[10]

Selbst das angeblich so gesunde Vollkorngetreide kann Probleme bereiten. Getreidekörner sind botanisch betrachtet Grassamen, die Giftstoffe enthalten, damit sie von Fressfeinden schlechter verdaut werden. Hierzu zählen die klebrigen Lektine, eine Proteinart, die sich an die Darmschleimhaut anheftet und dort großes Unheil anrichtet. Wer nach dem Verzehr von Hülsenfrüchten oder Getreide mit Blähungen, Durchfall, Übelkeit oder Aufstoßen zu kämpfen hat, kennt die Rache der Leptine.

Ebenfalls kritisch zu werten sind die Phytate. Sie binden essentielle Nährstoffe wie Zink, Kalzium und Magnesium und erschweren damit dem Körper die Aufnahme dieser Mineralien. Laut Mark Sisson enthält Vollkorngetreide im Naturzustand die höchste Phytatmenge. Das beeinträchtigt nicht nur die Vitamin-D-Aufnahme, sondern auch die Versorgung mit den Vitaminen A, C und B_{12}.[11] All die angeblich so nährstoffreichen Vollkornprodukte führen somit eher zu Mangelerscheinungen.

Der Biochemiker Robb Wolf fasst treffend zusammen, warum manche Menschen überhaupt kein Getreide vertragen:

>> Getreide enthält auch Schadstoffe wie Phytate, Lektine und immunreaktive Proteine. Getreidelektine können die Darmschleimhaut schädigen. Das führt zu Entzündungen und trägt zur Entstehung von Autoimmunkrankheiten, Insulinresistenz und Leberschäden bei. Alle Getreidesorten enthalten gewisse glutenähnliche Proteine. Bei Haferflocken ist es das Avenin, bei Mais das Zein und bei Reis Orzenin. Was all diese Proteine eint, ist ein hoher Gehalt an der Aminosäure Prolin. Prolin erschwert die normale Zerlegung solcher Proteine im Zuge der Verdauung, wodurch sich unerwünschte Wirkungen auf die Darmschleimhaut und die Gesundheit insgesamt ergeben.[12] <<

2. FETTARM, FETTFREI UND ZUCKERFREI

Unsere Steinzeitvorfahren futterten jede Menge tierische Fette, fetten Fisch, Nüsse und Samen. Heute hingegen werden praktisch alle degenerativen Erkrankungen auf zu viel Fett zurückgeführt, und eine milliardenschwere Diätindustrie nährt diesen Wahn. Dank der Antifettkampagnen gibt es für praktisch alles fettfreie und fettarme Varianten, sogar für echte Dickmacher wie Mayonnaise. Haben Sie sich schon einmal gefragt, was hier das Fett ersetzt? Die Antwort: Alle möglichen synthetischen Stoffe ohne Nährwert, die Stoffwechsel und Verdauung zusetzen. Zudem enthalten die meisten fettreduzierten Produkte reichlich Zucker oder künstliche Süßungsmittel, damit sie noch nach etwas schmecken.

Künstliche Süßungsmittel sind ein Thema für sich. Ursprünglich sollten sie das Abnehmen erleichtern, doch in Wahrheit kurbeln solche Ersatzstoffe Appetit und Süßhunger an.[13] Zuckerersatzstoffe (Zuckeralkohole) werden von der Verdauung unvollständig aufgenommen und haben daher keinen Einfluss auf den Blutzucker, beginnen im Darm jedoch gern zu gären, was Blähungen und Durchfall hervorrufen kann.[14]
Und falls all dies noch nicht abschreckend genug ist: Inzwischen wird eine eventuelle neurotoxische Wirkung von künstlichen Süßungsmitteln erforscht, und man prüft etwaige Zusammenhänge mit Demenz, Alzheimer- und Parkinson.[15]

»FETTFREI«
ODER
»FETTARM«?
CHEMIKALIEN-
GAU!

3. ZUSATZSTOFFE, KONSERVIERUNGSMITTEL, VERDICKUNGSMITTEL, GUMMI UND STABILISATOREN

Bei der Suche nach Substanzen, mit denen sich Produkte haltbar machen, binden, verdicken und stabilisieren lassen, kennt die Phantasie der Lebensmittelkonzerne keine Grenzen. In Fertiggerichten, Chips, Saucen, Süßigkeiten, Backwaren und Desserts sind derartige Zusätze allgegenwärtig, obwohl sie dem Verdauungssystem massiv schaden können. Viele Menschen reagieren empfindlich auf solche Substanzen und entwickeln nach dem Verzehr gewisse Symptome. Ein Beispiel sind Sulfite (Schwefelverbindungen), mit denen Wein und Trockenfrüchte haltbar gemacht werden. Sie führen häufig zu Verdauungsproblemen oder Hautentzündungen.

4. HANDELSÜBLICHE MILCHPRODUKTE

Ob man Milchprodukte essen möchte oder nicht, ist eine individuelle Entscheidung. Manche Ernährungsfachleute raten dringend davon ab, weil wir unsere Fähigkeit, Milchzucker (Laktose) zu verdauen, nach dem Säuglingsalter rasch verlieren – der Körper erzeugt keine Laktase mehr, das Enzym, das Milchzucker zerlegt. Außerdem bestehen Bedenken, ob gewisse Wachstumsfaktoren und Hormone aus der Milch die Entwicklung bestimmter Krebsarten begünstigen.[16] Andere Studien bringen Milchprodukte mit Autoimmunerkrankungen in Verbindung, beispielsweise mit Darmentzündungen,[17] Gelenkrheuma[18] und multipler Sklerose.[19] Bei gesundheitlichen Problemen könnte es sich daher lohnen, eine Zeit lang auf Milchprodukte zu verzichten und zu prüfen, ob die Beschwerden sich bessern.

Doch wie beim Fett gilt auch hier: Nicht alle Milchprodukte sind gleich. Erzeugnisse von Kühen, Schafen und Ziegen aus reiner Weidehaltung (nur Grasfütterung) können eine ausgezeichnete Quelle für Vitamine, Mineralstoffe und essentielle Fette sein. Fettreiche Produkte aus Weidehaltung, zum Beispiel Sahne oder Butter, enthalten wenig Laktose und liefern die Vitamine A, D, E und K sowie die konjugierte Linolsäure (CLA), der krebshemmende Eigenschaften zugeschrieben werden.[20] Gheebutter (geklärte Butter) ist laktosefrei und bei Laktoseintoleranz gut zum Kochen geeignet.

Obwohl also manche Milchprodukte durchaus gesund sein können, leiden auch sie unter der industriellen Verarbeitung. Handelsüblichen Milchprodukten werden die meisten gesunden Bestandteile wie gesättigte Fette, erwünschte Bakterien und Enzyme zunächst einmal entzogen. Beim Entrahmen und Pasteurisieren steigt der Milchzuckergehalt, während der Nährstoffgehalt sinkt. Solche Milchprodukte sind praktisch unverdaulich. Später gehen wir darauf ein, welche nährstoffreichen Milchprodukte in den Einkaufswagen können. Grundsätzlich sollten Sie den Verzehr an kommerziellen Milchprodukten jedoch stark einschränken. Besonders kritisch sind:

* homogenisierte fettreduzierte Milch und Vollmilch
* ultrahocherhitzte Milch (H-Milch, länger haltbar)
* Sahneersatz
* fettarmer oder stark verarbeiteter Käse
* fettarmer Brotaufstrich oder Margarine

5. MEHRFACH UNGESÄTTIGTE FETTSÄUREN UND GEHÄRTETE TRANSFETTE

Die Schädlichkeit von Transfetten und ihr Beitrag zu Herzerkrankung, Krebs und Diabetes geraten immer mehr in den Fokus. Doch auch hier gilt: Fett ist nicht gleich Fett. Es gibt große Unterschiede zwischen gesättigten Fetten natürlichen Ursprungs (zum Beispiel aus Fleisch und Milchprodukten) und Transfetten, die bei der chemischen Härtung (Hydrogenisierung) pflanzlicher Fette entstehen.

Gesättigte Fette aus Fleisch und Milchprodukten tun dem Körper gut und senken viele Risikofaktoren für Herzgefäßerkrankungen.[21] Im Gegensatz dazu haben hydrogenisierte Fette (auch als teilweise hydrogenisierte Öle bezeichnet) gesundheitlich keinerlei Vorteile. Solche Ersatzfette sollen bei Zimmertemperatur fest bleiben und so die Haltbarkeit von Backwaren, Gebratenem und abgepackten Mahlzeiten erhöhen.

Teilweise hydrogenisierte Fette und Öle werden gern in Restaurants und Fastfood-Ketten eingesetzt. Da immer deutlicher wird, wie ungesund hydrogenisierte Transfette sind, geht ihr Anteil glücklicherweise allmählich zurück.[22]

Ein anderes Thema sind die mehrfach ungesättigten Fettsäuren, zu denen die essentiellen Fettsäuren Omega-3 und Omega-6 zählen. Sie gelten als »essentiell«, weil der menschliche Körper sie nicht selbst herstellen kann und daher über die Ernährung aufnehmen muss. Im Gegensatz zu gesättigten tierischen Fetten sind mehrfach ungesättigte Fette instabil und neigen zur Oxidierung. Deshalb kommt es bei Omega-3- und Omega-6-Fetten so sehr darauf an, woher sie stammen und dass sie möglichst frisch verzehrt werden. Wichtig ist zudem, dass wir von jeder Sorte etwa gleich viel verzehren. So haben es die Frühmenschen gemacht, und sie litten weder an Fettleibigkeit noch an entzündlichen Erkrankungen.[23] Heute hingegen beträgt das Verhältnis von Omega-6-Fetten (aus Nüssen, Samen und bestimmten Gemüsesorten) zu Omega-3-Fetten (aus fettem Fisch, Fleisch von Weidetieren, Eiern und bestimmten Nüssen) bei konventioneller Ernährung 20 zu 1 und liegt bei manchen Menschen noch höher! Tatsächlich stammt ein überproportional hoher Anteil unserer Fettzufuhr aus Keimöl (Mais, Canola, Soja, Sonnenblumen und Distel) und wird in Form von fettarmen Aufstrichen oder Öl zum Kochen und Braten verzehrt. Trotz des »herzgesunden« Images solcher verarbeiteten Omega-6-Fette gelten diese mittlerweile als Hauptschuldige für die Entstehung chronischer Krankheiten. Sie tauchen insbesondere in abgepackten Produkten wie Donuts, Keksen und Fertiggerichten auf, aber auch in fettreduzierten Brotaufstrichen und Salatöl. Zusätzlich finden sie sich im Fett von Tieren, die mit Mais, Soja und anderem Getreide gemästet wurden. Die Vorteile von Fleisch aus Weidehaltung werden in Kapitel 8 näher erläutert. An dieser Stelle sollten Sie sich einprägen, dass Sie den Omega-6-Anteil in der Ernährung senken und den Omega-3-Anteil erhöhen sollten.

SCHADENSBEGRENZUNG: AUSGEWOGENE ERNÄHRUNG

Wer sich viele Jahre von verarbeiteten Lebensmitteln ernährt hat, hat häufig mit Verdauungsbeschwerden, Nährstoffmängeln, Blutzuckerschwankungen und Entzündungsneigung zu kämpfen. Als Sofortmaßnahme können Sie auf die folgenden Punkte setzen:

✳ BLUTZUCKER STABILISIEREN

Mehr gesunde Fette und Proteine sowie die richtigen Kohlenhydrate verhindern ein starkes Auf und Ab.

✳ MEHR OMEGA-3-FETTE, WENIGER OMEGA-6-FETTE

Unsere prähistorischen Vorfahren aßen Omega-3-Fette und Omega-6-Fette zu etwa gleichen Teilen und hatten nicht mit den entzündlichen Erkrankungen unserer Zeit zu kämpfen. Reduzieren Sie daher den Verzehr mehrfach ungesättigter Öle aus Getreide und anderen Quellen, und setzen Sie stattdessen auf Omega-3-Quellen wie fetten Fisch, Eigelb und Fleisch von Weidetieren.

✳ LEBENSMITTELTOXINE MEIDEN

Zur Unterstützung der Verdauung und des Stoffwechsels sowie zur optimalen Nährstoffaufnahme sollten Sie Lebensmittel meiden, die Gluten, Lektine und Phytate enthalten, aber auch alle synthetischen Substanzen wie Süßungsmittel und chemische Konservierungsmittel.

✳ MEHR MIKRONÄHRSTOFFE (VITAMINE UND MINERALSTOFFE)

Jede Mahlzeit sollte vor Nährstoffen nur so strotzen. Tauschen Sie daher Brot und Nudeln zum Beispiel gegen Süßkartoffeln und gebackenes Gemüse. So können Sie den Vitamin- und Mineralstoffgehalt auf dem Teller mehr als verdoppeln. Zum Vergleich haben wir nachfolgend Vitamine und Mineralstoffe aus einer Portion Süßkartoffel gegen die Werte aus einer Portion Pasta aufgeführt.

Eine Portion gekochte Süßkartoffel

Vitamine
Menge pro Portion in Prozent des Tagesbedarfs

Vitamin A	34.433 IU	769 %
Vitamin C	39,2 mg	65 %
Vitamin D	–	–
Vitamin E (Alpha-Tocopherol)	1,4 mg	7 %
Vitamin K	4,6 µg	6 %
Thiamin	0,2 mg	14 %
Riboflavin	0,2 mg	12 %
Niacin	3,0 mg	15 %
Vitamin B$_6$	0,6 mg	29 %
Folsäure	12,0 µg	3 %
Vitamin B$_{12}$	–	–
Panthothensäure	1,8 mg	18 %
Cholin	26,2 mg	–
Betain	69,2 mg	–

Mineralstoffe
Menge pro Portion in Prozent des Tagesbedarfs

Kalzium	76,0 mg	8 %
Eisen	1,4 mg	8 %
Magnesium	54,0 mg	14 %
Phosphor	108,0 mg	11 %
Kalium	950,0 mg	27 %
Natrium	72,0 mg	3 %
Zink	0,6 mg	4 %
Kupfer	0,3 mg	16 %
Mangan	1,0 mg	50 %
Selen	0,4 µg	1 %

Eine Portion gekochte Nudeln

Vitamine
Menge pro Portion in Prozent des Tagesbedarfs

Vitamin A	–	–
Vitamin C	–	–
Vitamin D	–	–
Vitamin E (Alpha-Tocopherol)	0,0 mg	0 %
Vitamin K	–	–
Thiamin	0,1 mg	8 %
Riboflavin	0,1 mg	5 %
Niacin	0,6 mg	3 %
Vitamin B$_6$	–	–
Folsäure	35,5 µg	9 %
Vitamin B$_{12}$	0,1 µg	1 %
Panthothensäure	0,1 mg	1 %
Cholin	–	–
Betain	–	–

Mineralstoffe
Menge pro Portion in Prozent des Tagesbedarfs

Kalzium	3,4 mg	–
Eisen	0,6 mg	4 %
Magnesium	10,3 mg	3 %
Phosphor	35,9 mg	4 %
Kalium	13,7 mg	–
Natrium	3,4 mg	–
Zink	0,3 mg	2 %
Kupfer	0,1 mg	3 %
Mangan	0,1 mg	6 %
Selen	–	–

MIKRONÄHRSTOFFE VON A BIS Z

Vitamine und Mineralstoffe sollten in erster Linie direkt aus Lebensmitteln stammen. Hiermit decken Sie Ihren Tagesbedarf.

VITAMIN A
Karotten, Spinat, Paprika, Petersilie, Leber, Süßkartoffeln, Cayennepfeffer, Aprikosen, Spargel, Kürbis (Sorte Butternut)

B-VITAMINE
Rindfleisch, Pute, Lachs, Sardinen, Thunfisch, Leber, Bananen, Linsen, Huhn, Spinat, Avocado

VITAMIN C
Blumenkohl, Petersilie, Brokkoli, Erdbeeren, Zitronensaft, Paprika, Himbeeren, Sellerie, Zucchini

VITAMIN D
Shrimps, Garnelen, Sardinen, Kabeljau, Eier, Sonnenlicht (**Merke:** Die weltbeste Vitamin-D-Quelle ist Sonnenlicht, denn unter seinem Einfluss erzeugt der Körper zehn Mal mehr, als er der Nahrung entnimmt.)

VITAMIN E
Mandeln, Mangold, Spinat, Oliven, Heidelbeeren

VITAMIN K_1
Petersilie, Grünkohl, Spinat, Mangold, Kohlblätter, Basilikum, Brokkoli, Weißkohl

VITAMIN K_2
Eigelb, Innereien, Butter von Kühen aus Weidehaltung

KALZIUM
Spinat, Kohlblätter, Basilikum, Zimt, Joghurt, Mangold, Grünkohl, Kuhmilch, Ziegenmilch

WISSEN IST MACHT!

KUPFER
Kalbsleber, Champignons, Spinat, Cashewkerne, Grünkohl, Aubergine, Sesamsamen, Zucchini

JOD
Algen, Joghurt, Eier, Erdbeeren

EISEN
Spinat, Kurkuma, Basilikum, Zimt, grüne Bohnen, Shiitake-Pilze, Mangold, Wild, Spargel

MAGNESIUM
Spinat, Mangold, Kürbiskerne, Brokkoli, Salatgurke, Leinsamen

KALIUM
Champignons, Mangold, Sellerie, Kürbis (Sorte Butternut), Bananen

SELEN
Paranüsse, Kabeljau, Shiitake-Pilze, Thunfisch, Shrimps, Garnelen, Sardinen, Lachs

ZINK
Kalbsleber, Austern, Champignons, Spinat, Fleisch vom Weiderind, Lamm, Zucchini, Wild, Kürbiskerne, Sesamsamen

KAPITEL 5:
SCHLUSS MIT ZUCKER, GETREIDE UND CO.!

Getreide, Zucker und Hülsenfrüchte zu streichen kann eine echte Herausforderung sein. In diesem Kapitel entlarven wir, wo sich solche Dinge verstecken, warum manches indiskutabel ist und wie man sie ersetzen kann.

SÜSSES

Dass Zucker nicht gesund ist, weiß jeder. Er unterdrückt das Immunsystem[24], irritiert die hormonelle Appetitregulierung[25], fördert das Wachstum von Krebszellen[26], begünstigt Fetteinlagerung und Gewichtszunahme … Brauchen Sie noch mehr Argumente, um Ihre Zuckerzufuhr zu begrenzen? Eine Zuckerart, die man unbedingt meiden sollte, ist Fruktosesirup beziehungsweise Fruktose-Glukose-Sirup (HFCS) oder auch Maissirup, wie er in der Zutatenliste gern deklariert wird. Diese Substanz wird mit diversen Stoffwechselstörungen in Verbindung gebracht, da sie die Hormone, die für Appetitregulierung und Körperfettmenge zuständig sind, durcheinanderbringt.[27] Fruktosesirup findet sich oft in Süßigkeiten, Chips, Keksen oder Softdrinks. Also: Immer die Inhaltsstoffe prüfen!
Natürlich verlangen besondere Anlässe auch mal nach einem Dessert. Deshalb bringen wir im Rezeptteil Vorschläge, wie man traditionelle Leckereien wie Kuchen, Kekse oder Puddings auf gesündere Weise zubereiten kann. Unsere Desserts süßen wir mit Früchten (Beeren, Bananen, Äpfel, getrocknete Aprikosen) oder Kokoszucker, gelegentlich auch mit Imkerhonig. Der enthält zwar Fruktose (Fruchtzucker), beeinflusst den Blutzucker jedoch nicht so stark wie filtrierte Honigsorten, und man braucht ohnehin nicht viel davon. Unsere Süßungsmittel haben einen eher niedrigen glykämischen Index und kommen im Verein mit Antioxidantien, Vitaminen und Mineralstoffen daher.

GETREIDE? NEIN DANKE!

Nachdem wir nun wissen, auf welche Weise Gluten, Phytate und Lektine der Gesundheit schaden, sollten wir die kritischsten Quellen näher betrachten.

ZUR GRUPPE DER GETREIDE ZÄHLEN:

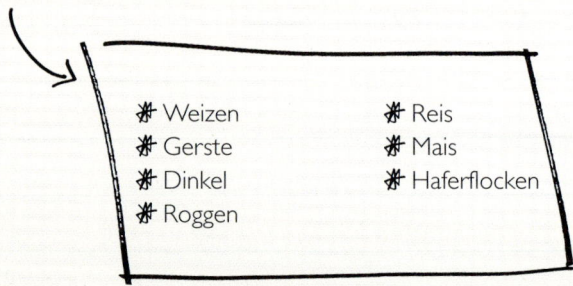

- Weizen
- Gerste
- Dinkel
- Roggen
- Reis
- Mais
- Haferflocken

HIER STECKT GETREIDE DRIN:

Brot, Brötchen, Nudeln, Reis, Couscous, Kekse, Kuchen, Frühstücksflocken, Cracker, Saucen, Würzmittel und Süßwaren. Häufig verbirgt sich Getreide auch in anderen Produkten, also prüfen Sie stets die Liste der Inhaltsstoffe.

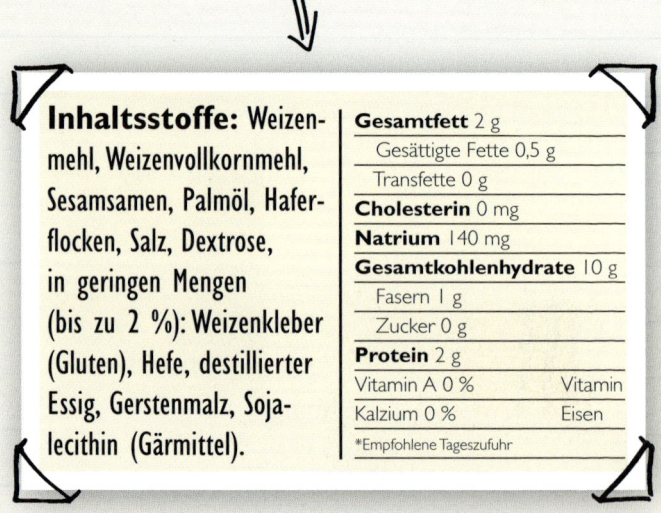

Inhaltsstoffe: Weizenmehl, Weizenvollkornmehl, Sesamsamen, Palmöl, Haferflocken, Salz, Dextrose, in geringen Mengen (bis zu 2 %): Weizenkleber (Gluten), Hefe, destillierter Essig, Gerstenmalz, Sojalecithin (Gärmittel).

Gesamtfett 2 g	
Gesättigte Fette 0,5 g	
Transfette 0 g	
Cholesterin 0 mg	
Natrium 140 mg	
Gesamtkohlenhydrate 10 g	
Fasern 1 g	
Zucker 0 g	
Protein 2 g	
Vitamin A 0 %	Vitamin
Kalzium 0 %	Eisen
*Empfohlene Tageszufuhr	

GETREIDE ERSETZEN

Aber wenn die Nudeln wegfallen, was kann dann noch auf den Teller? Wie bereits erwähnt, ist Gemüse für die tägliche Portion Vitamine und Mineralstoffe das A und O. Manche stärkehaltigen Lebensmittel enthalten zudem nicht ganz so viele problematische Substanzen und sind daher leichter verdaulich.

ALTERNATIVE 1: GEMÜSE

Gemüse geht immer! Vielleicht fehlt Ihnen nur etwas Inspiration? Im Rezept-teil finden Sie jede Menge davon.

Blumenkohlreis

Gemüsespaghetti

Kürbispüree

ALTERNATIVE 2: SICHERE STÄRKE

Diesen Begriff haben Paul und Shon-Ching Shih Jaminet in ihrem Buch *Perfect Health Diet* geprägt: Bestimmte Kohlenhydratvarianten sind gesundheitlich kaum riskant, bringen aber viele Nährstoffe mit. Die meisten Menschen können »sichere Stärke« gut vertragen und leiden nicht an den unangenehmen Begleiterscheinungen, die so häufig mit dem Verzehr von Getreide und Zucker einhergehen.

Zu unseren Lieblingsstärkequellen zählen Süßkartoffeln, Kochbananen und geschälter Reis. Weißer Reis ist zwar Getreide, aber glutenfrei und phytatarm. Bei korrekter Zubereitung (gewaschen, eingeweicht und gekocht) ist er leicht verdaulich und wird in der Regel gut toleriert. Weißer Reis ist Naturreis vorzuziehen, weil er die Aufnahme von Vitaminen und Mineralstoffen nicht so leicht behindert. Die von den Jaminets empfohlenen Mengen für die Lebensmittelkombination sind der folgenden Abbildung zu entnehmen.

Hinweis: Die genannten Mengen entsprechen dem Gesamtgewicht vor der Zubereitung, einschließlich Wassergehalt.

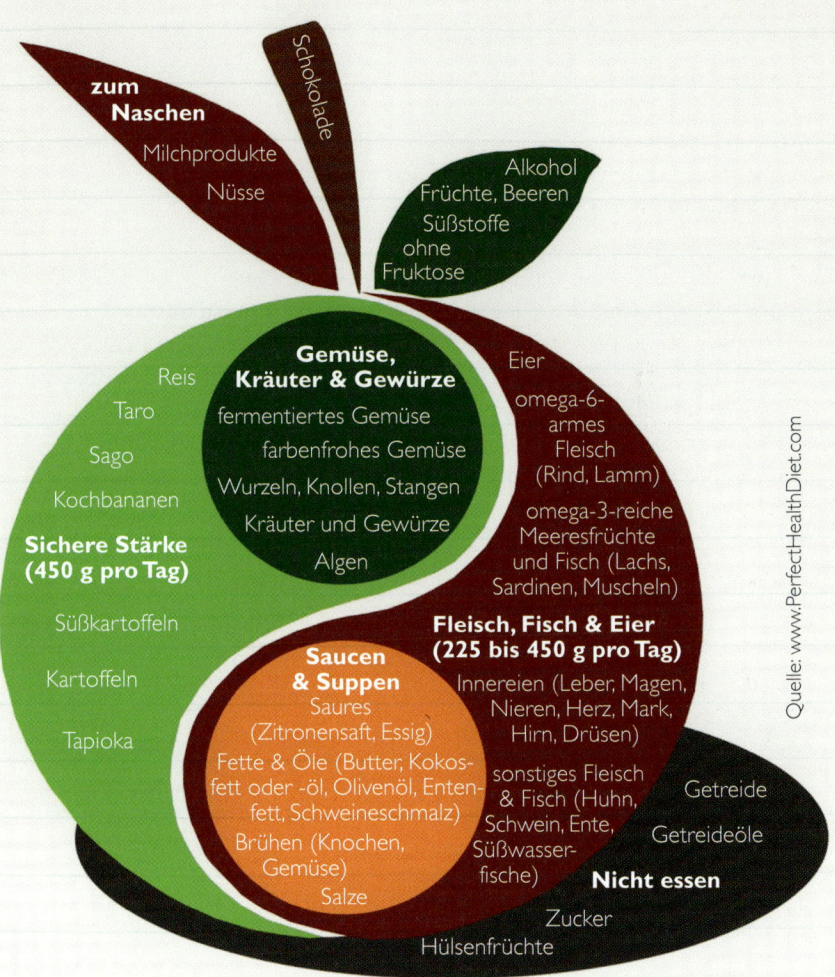

zum Naschen
Milchprodukte
Nüsse

Schokolade

Alkohol
Früchte, Beeren
Süßstoffe ohne Fruktose

Gemüse, Kräuter & Gewürze
fermentiertes Gemüse
farbenfrohes Gemüse
Wurzeln, Knollen, Stangen
Kräuter und Gewürze
Algen

Reis
Taro
Sago
Kochbananen

Sichere Stärke (450 g pro Tag)
Süßkartoffeln
Kartoffeln
Tapioka

Eier
omega-6-armes Fleisch (Rind, Lamm)
omega-3-reiche Meeresfrüchte und Fisch (Lachs, Sardinen, Muscheln)

Fleisch, Fisch & Eier (225 bis 450 g pro Tag)
Innereien (Leber, Magen, Nieren, Herz, Mark, Hirn, Drüsen)

Saucen & Suppen
Saures (Zitronensaft, Essig)
Fette & Öle (Butter, Kokosfett oder -öl, Olivenöl, Entenfett, Schweineschmalz)
Brühen (Knochen, Gemüse)
Salze

sonstiges Fleisch & Fisch (Huhn, Schwein, Ente, Süßwasserfische)

Getreide
Getreideöle

Nicht essen
Zucker
Hülsenfrüchte

Quelle: www.PerfectHealthDiet.com

57

SIND BOHNEN JETZT GESUND ODER NICHT?

Hülsenfrüchte gelten als gesunde Energie- und Ballaststofflieferanten. Dummerweise enthalten sie ähnliche Anti-Nährstoffe wie Getreide (Lektine und Phytate), die – wir sprachen darüber – nicht jeder verträgt. Bohnenkerne und Linsen enthalten zwar Proteine, jedoch keineswegs in so dichter Form wie Fleisch, Fisch, Schalentiere oder Eier, denn ihr Kohlenhydratgehalt übersteigt den Proteingehalt. Viele Menschen greifen zu Hülsenfrüchten, um ihre Vitamin- und Mineralstoffversorgung zu verbessern, doch wegen der Phytate werden diese Nährstoffe häufig schlecht aufgenommen. Gemüse ist eine weit bessere Nährstoffquelle.

Da die Kohlenhydrate aus Hülsenfrüchten häufig nur unvollständig verdaut werden, kann der Darm sie nicht richtig resorbieren. Die Bakterien, die diese Kohlenhydrate dann abbauen, erzeugen Gase und damit Blähungen. Im Einzelfall können Hülsenfrüchte sogar das bakterielle Gleichgewicht im Darm stören und unerwünschten Bakterien zu viel Nährboden bieten. So entstehen chronische Verdauungsprobleme.

HÜLSENFRÜCHTE

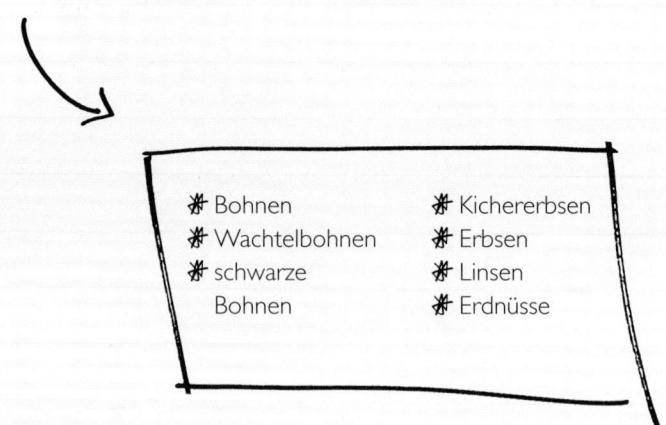

- Bohnen
- Wachtelbohnen
- schwarze Bohnen
- Kichererbsen
- Erbsen
- Linsen
- Erdnüsse

HIER STECKT'S DRIN:

Hummus, gebackene Bohnen, Dhal, Fertiggerichte, abgepackte Salate.

HIER DRÜCKEN WIR MITUNTER EIN AUGE ZU:

Gelegentlich gönnen wir uns **grüne Bohnen** und **frische Erbsen**. Diese Gemüsesorten zählen zwar zu den Hülsenfrüchten, doch ihr Anti-Nährstoffgehalt ist beim Genuss gut gegarter, frischer Ware deutlich niedriger. Zudem werden sie im Restaurant gern als Beilage gereicht und sind mit Sicherheit gesünder als Brot oder Pasta.

DARUM MACHEN WIR EINEN GROSSEN BOGEN:

Sojabohnen haben ein gutes Image. Viele handelsübliche Produkte wie Sojamilch, Sojajoghurt oder Sojakäse sind jedoch industriell produziert. Mit den fermentierten Sojaprodukten aus der traditionellen asiatischen Küche (Tempeh, Miso, Natto) haben sie kaum noch etwas gemeinsam. Alles, was aus Soja hergestellt wird, enthält Isoflavone; das sind pflanzliche Stoffe, deren Wirkung dem des weiblichen Sexualhormons Östrogen ähnelt. Angeblich helfen sie Frauen durch die Menopause, doch es gibt Hinweise, dass Soja bei Männern wie Frauen die Schilddrüsenfunktion beeinträchtigen kann.

Erdnüsse sind in der Tat Hülsenfrüchte und haben einen unglaublich hohen Omega-6-Gehalt: Zwei Handvoll enthalten rund elf Gramm. Doch genau diese Fettsorte sollten wir einschränken. Darüber hinaus sind Erdnüsse mitunter mit Aflatoxinen belastet, Schimmelpilzgiften, die das Leberkrebsrisiko erhöhen.

Kapitel 6:
Koffein, Schokolade und Alkohol

KOFFEIN: KAFFEE

Kaffee ist für viele unverzichtbar. Allerdings trinken die meisten Leute statt eines simplen schwarzen Kaffees inzwischen sahnig-süße, aufgeschäumte Spezialitäten.

Studien zufolge ist mäßiger Kaffeekonsum keineswegs ungesund. Zum einen enthält Kaffee viele Antioxidantien. Zum anderen verbessert er die kognitive Leistung, lindert Verstopfung und schützt Herz und Gefäße. Bedauerlicherweise existieren auch andere Studien, welche die unangenehmeren Wirkungen aufführen, darunter eine verminderte Insulinsensitivität und verstärkte Entwässerung. Magengeschwüre und Gastritis, Reizdarmsymptome und weitere Magen-Darm-Probleme werden durch Kaffee verschlimmert. Mehrheitlich werden solche unerwünschten Wirkungen dem Koffein zugeschrieben. Eine Tasse Kaffee enthält tatsächlich 100 bis 200 Milligramm Koffein, welches die Kortisolausschüttung stimuliert, also die Ausschüttung von Stresshormonen. Wenn wir im Laufe des Tages zu viel Koffein zu uns nehmen, riskieren wir eine chronische Anhebung des Kortisolspiegels. Langfristig können daraus Gewichtszunahme, Schlafstörungen und eine Unterdrückung des Immunsystems resultieren.

Unter Stress sollte man daher zuallererst auf Kaffee verzichten, weil Koffein die Symptome verstärken kann. Greifen Sie lieber zu natürlich oder mittels des SWP-Verfahrens entkoffeiniertem Kaffee. Im Gegensatz zu anderen Methoden werden bei diesen Verfahren keine chemischen Lösungsmittel eingesetzt, um den Kaffeebohnen das Koffein zu entziehen.

 **TIPP**

Rühren Sie etwas Schlagsahne oder Kokosöl in den Kaffee. Das Fett zögert die Wirkung des Koffeins auf den Blutzucker hinaus. Kaffee mit Sahne schlägt jeden Latte um Längen!

KOFFEIN: TEE

Tee in jeder Form ist ausgesprochen gesund. Er liefert Antioxidantien, Polyphenole und Flavonoide und beugt Oxidationsprozessen vor, indem er die freien Radikale, die zu vorzeitiger Alterung, Krebs und Herzproblemen beitragen, geradezu aufsaugt. Damit man von all diesen gesunden Bestandteilen optimal profitiert, sollte Tee ohne Milch und Zucker genossen werden.

《 TIPP 》

Sie lieben Schwarztee mit Milch? Probieren Sie weißen Tee! Er ist deutlich heller und schmeckt beinahe, als hätte man Milch hinzugefügt. (Betonung auf »beinahe«.)

Bei übermäßigem Teekonsum können die darin enthaltenen Tannine problematisch werden, da sie die Mineralstoffaufnahme behindern können. Das gilt besonders für Eisen. Daher Tee besser nicht zu Mahlzeiten trinken. Außerdem ist der Koffeingehalt zu berücksichtigen. Kräuter- und Gewürztees aus Ingwerwurzel oder Zimtrinde sind wohlschmeckende, koffeinfreie Alternativen, die zudem noch wertvolle Nährstoffe liefern. Auch grüner Tee ist ausgesprochen gesund. Er hat krebshemmende Wirkungen, fördert die Fettverbrennung und einen stabilen Blutzucker und unterstützt die Leberfunktion. Am besten genießen Sie ein bis zwei Tassen pro Tag.

《 TIPP 》

Ein Tässchen Kamillentee nach dem Abendessen hilft gegen spontanen Süßhunger und fördert die Entspannung.

SCHOKOLADE

Schokoladenverächter sind selten. Viele Menschen sind im Gegenteil geradezu süchtig danach – schließlich heben bereits wenige Stückchen den Spiegel des Gute-Laune-Hormons Serotonin.

Die Hauptbestandteile von Schokolade sind Kakaomasse und Kakaobutter. Falls Sie einmal 100-prozentigen Kakao probiert haben, wissen Sie, warum er mit Zucker und anderen Aromaträgern vermischt wird. Dennoch sollten Sie nur Schokolade mit mindestens 70 Prozent Kakaoanteil verzehren, damit der gesunde Anteil überwiegt. Dunkle Schokolade enthält weit weniger Zucker als Milchschokolade, und der bittere Beigeschmack dämpft das Verlangen nach Zucker. Außerdem stecken in Bitterschokolade viele Antioxidantien.

Doch Vorsicht: Im Einzelfall kann auch dunkle Schokolade einen starken Wunsch nach Gezuckertem auslösen, und neben viel Magnesium, Kalzium und Kalium enthält Schokolade auch größere Mengen Phytate, die (wir sprachen davon) die Mineralstoffaufnahme hemmen können. Wählen Sie am besten Bioschokolade aus fairem Handel und genießen Sie lieber nur eine oder zwei Rippen.

ALKOHOL

Die Reduzierung des Alkoholkonsums ist für viele ein echtes Problem. Eine beliebte Ausrede lautet: »Geschäftsessen gehören bei mir nun einmal dazu.« Seien wir ehrlich: Sie werden doch nicht dafür bezahlt, Ihre Geschäftspartner unter den Tisch zu trinken! Alkohol boykottiert alle gesundheitlichen Ziele. Sein Nährstoffgehalt ist gleich null, und zugleich stört er die Fettverbrennung. Im Übermaß genossen drohen zudem zahlreiche Gesundheitsprobleme.

Für die Leber ist Alkohol reines Gift und kann die Entwicklung einer alkoholbedingten Leberverfettung einleiten, ganz zu schweigen von Dehydrierung und Kopfschmerzen (der typische Kater). Bier ist aufgrund seines Glutengehalts doppelt kritisch, weil bei empfindlichen Personen

Verdauung und Immunsystem darunter leiden können. Außerdem erhöht es den Östrogenspiegel im Körper, was Fetteinlagerungen in Beinen und um die Körpermitte Vorschub leistet. Cocktails und Mixgetränke haben häufig einen hohen Zuckergehalt, und der Alkohol sorgt dafür, dass dieser Zucker umgehend in Form von Fett gespeichert wird. Es geht jedoch nicht nur um zuckersüße Drinks. Alkohol jeglicher Art beraubt den Körper seiner Vitamin-B-Vorräte und beschleunigt die Darmpassage unserer Nahrung, so dass wir ihr weniger Nährstoffe entziehen können. Daneben sinkt der Blutzucker nach Alkoholgenuss irgendwann rapide ab, was einerseits müde macht, andererseits den Schlaf stört.

Dennoch: Wir wollen niemanden zum Teetrinken bekehren. Es geht um gesundes Maßhalten, also um das Gläschen in Ehren. Klug eingesetzt kann Alkohol nämlich durchaus gesund sein. Vielfach unterstützt er die Entspannung, und einige Studien konnten einen Zusammenhang zwischen gemäßigtem Alkoholkonsum und einem geringeren Herzrisiko belegen. Wein wird wegen des niedrigeren Alkoholgehalts und wegen der Antioxidantien aus den Trauben als etwas gesünder eingestuft.

Das richtige Maß ist ein äußerst individuelles Thema. Grundsätzlich empfehlen wir, bei besonderen Anlässen maximal zwei Gläser zu trinken – das wären 0,5 Liter Bier oder 0,3 Liter Wein oder zwei Cocktails mit jeweils maximal 45 Milliliter Hochprozentigem. Je nach Körpergewicht und weiteren Faktoren kann es aber auch andere Grenzen geben. Wer die Übersicht verliert und schnell mal einen über den Durst trinkt, sollte von Alkohol am besten ganz die Finger lassen.

Wein aus biologischem Anbau und Bier nach handwerklicher Brauart senken die Belastung für die Leber ein wenig.

Kapitel 7:
Bevor es losgeht

Sie haben nun alle nötigen Informationen. Ein paar Hinweise möchten wir Ihnen trotzdem noch mitgeben.

REGELMÄSSIG ESSEN

Gewöhnen Sie sich zuallererst an regelmäßige Mahlzeiten. Ein proteinreiches Frühstück mit etwas Fett stabilisiert gleich morgens den Blutzucker. Nach drei bis vier Stunden hält eine kleine Zwischenmahlzeit die Energieversorgung konstant. Hierfür reichen bereits ein gekochtes Ei, eine halbe Avocado oder eine selbst gemachte Frikadelle. Schon nach wenigen Wochen dürfte Ihr Appetit sich stabilisiert haben, und Sie können ausprobieren, wie oft Sie tatsächlich essen müssen. Manche Menschen kommen mit zwei Mahlzeiten pro Tag bestens zurecht, anderen reicht das nicht. Entscheidend sind immer Ihr Aktivitätslevel, Ihr Alter und der Tagesablauf. Hören Sie auf Ihren Körper. Normalerweise sagt er Ihnen, was er braucht.

WIE VIEL?

Wie lautet nun die Zauberformel für die »richtige« Menge an Proteinen, Fett und Kohlenhydraten? Der einzige Mensch, der das entscheiden kann, sind Sie selbst. Wie viel jemand von welchen Makronährstoffen braucht, hängt von Aktivitätsgrad, Alter, Körperbau, Stresspegel und Gesundheitszustand ab.

Nach jeder Mahlzeit sollte man angenehm satt sein und einen relativ konstanten Energiepegel haben. Die Energie sollte nicht nur ausreichen, jeden Tag aktiv und gut gelaunt anzugehen, sondern auch für Sport. Zwischen den Mahlzeiten sollten drei bis fünf Stunden vergehen, ohne dass man ans Essen denkt. Wer zwischendurch Hunger verspürt oder übermäßig müde oder unkonzentriert wird, dreht am besten an der Ernährungsschraube. Achten Sie in erster Linie darauf, bei allen Mahlzeiten den Mindestproteinbedarf zu decken. Danach erhöhen Sie den Verzehr an gesunden Fetten und Kohlenhydraten.

KOHLENHYDRATE

Da wir Getreide und Hülsenfrüchte durch Gemüse ersetzen, ist die Paleo-Ernährungsweise automatisch kohlenhydratarm. Die Mengen lassen sich jedoch ganz individuell anpassen. Wer zu viel Körperfett eingelagert hat, sollte anfangs weniger Kohlenhydrate zu sich nehmen, um das gewünschte Gewicht zu erreichen. Ohne Kohlenhydrate beginnt der Körper mit der Fettverbrennung, er schaltet auf Fettstoffwechsel um. In seinem Buch *The Primal Blueprint* liefert Mark Sisson hierzu einen ausgezeichneten Überblick. Die folgende Abbildung haben wir daraus entnommen. Sie illustriert, wie man die Kohlenhydratmenge an den persönlichen Bedarf anpasst. Wer zügig abnehmen möchte, kann die Kohlenhydratzufuhr auf maximal 50 Gramm pro Tag senken. Viele Menschen nehmen aber auch mit 100 Gramm pro Tag ab.

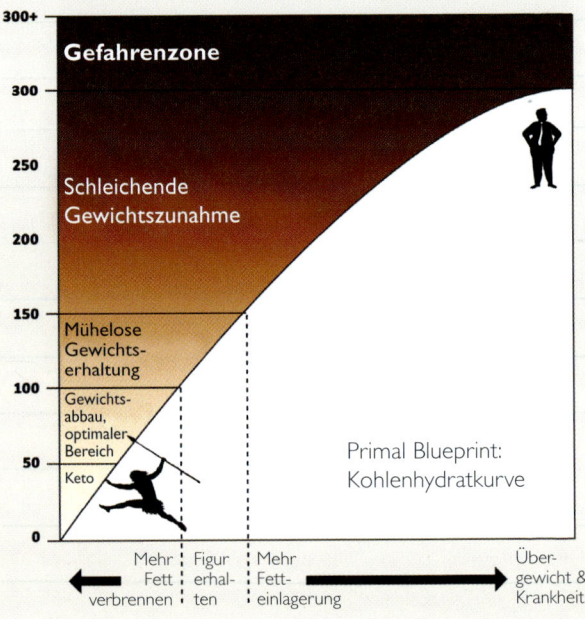

Gramm Kohlenhydrate pro Tag

300+

300

250

200

150

100

50

0

Gefahrenzone

Schleichende Gewichtszunahme

Mühelose Gewichtserhaltung

Gewichtsabbau, optimaler Bereich

Keto

Primal Blueprint: Kohlenhydratkurve

Mehr Fett verbrennen   Figur erhalten   Mehr Fetteinlagerung   Übergewicht & Krankheit

Bei einer signifikanten Senkung der Kohlenhydratzufuhr brauchen Sie möglicherweise mehr gesunde Fette, denn ab jetzt greift der Körper zur Energiegewinnung vornehmlich auf Fett aus der Ernährung und auf die eigenen Fettreserven zurück. Im Internet gibt es diverse Nährstoffrechner und Apps, mit deren Hilfe Sie herausfinden können, wie Sie Ihre 50 bis 100 Gramm Kohlenhydrate zusammenstellen können. [28]

Aktive Sportler, ob Tennisspieler, Kraftsportler oder Marathonläufer, die einen bestimmten Körperfettanteil erhalten möchten, brauchen vielleicht mehr Kohlenhydrate als hier vorgeschlagen. In solchen Fällen empfehlen wir insbesondere Süßkartoffeln, die einen hohen Nährwert haben und keine Anti-Nährstoffe enthalten. Auch mit Extraportionen Obst (Bananen und Beeren) kommen Sportler gut zurecht. Kohlenhydrate verzehren Sie am besten **nach** dem Training. Dann reagieren die Zellen am besten auf Insulin, weil sie dringend neue Nährstoffe benötigen.

PROTEINE

Die ideale Proteinmenge ist von Mensch zu Mensch unterschiedlich. Den ersten Anhaltspunkt liefert das Körpergewicht. Pro Kilo Körpergewicht brauchen wir bei sitzender Tätigkeit etwa ein Gramm Eiweiß; aktive Fitnessfanatiker eher das Doppelte. Bei regelmäßigem Training, viel Stress oder harter Arbeit kann der Proteinbedarf ansteigen. Deshalb dürfen Sie hier experimentieren. Ein faustgroßes Stück Rinderfilet oder Fisch enthält 20 bis 25 Gramm Proteine.

FETTE

Bei kohlenhydratarmer Ernährung unterstützt eine hohe Fettzufuhr Leistungsfähigkeit und Sättigung sowie die Körperfettreduktion. Ob das Kokosöl im Kaffee, die Butter am Gemüse, das Olivenöl zum Salat, die Avocados direkt aus der Schale oder das Fett aus dem Fleisch von Weidetieren: Einfach ungesättigte und gesättigte Fette können bei konsequenter, zuckerfreier Paleo-Ernährung 60 bis 80 Prozent der täglichen Gesamtkalorienzufuhr ausmachen. Berechnen Sie den Nährstoffgehalt auch hierbei am besten online.

PORTIONSGRÖSSEN

Der Blick auf die Portionsgröße unterstützt nicht nur ein gesundes Körpergewicht, sondern auch die Verdauung. Der Teller sollte immer ungefähr so zusammengestellt sein: eine Proteinquelle (zum Beispiel Fisch, Huhn, Rindfleisch oder Lamm), etwa faustgroß. Dazu zwei Sorten Gemüse, ebenfalls jeweils eine faustgroße Menge. Die eine Sorte sollte grün sein, die andere kann mehr Stärke enthalten, also eine Süßkartoffel oder etwas Kürbis. Jede Mahlzeit sollte außerdem gesundes Fett liefern, zum Beispiel indem Sie das Gemüse mit einem Esslöffel Olivenöl oder Butter beträufeln. Essen Sie langsam und entspannt, möglichst nicht am Schreibtisch oder vor dem Fernseher. Nehmen Sie sich ausreichend Zeit, Geschmack und Duft des Essens zu genießen. So kann das Gehirn registrieren, dass Sie Nahrung aufgenommen haben, und dies wiederum unterstützt ein gesundes Gleichgewicht zwischen den Hormonen, die Sättigung oder Appetit melden. Jeder Bissen sollte gründlich durchgekaut werden, das heißt 10 bis 15 Mal, denn das gründliche Aufbrechen der Nahrung ist für eine gesunde Verdauung von großer Bedeutung.

UMGANG MIT ENTZUGSSYMPTOMEN UND HEISSHUNGER

Viele stark verarbeitete Lebensmittel machen süchtig. Die Lebensmittelindustrie beschäftigt sich seit Jahren mit der Optimierung von Geschmack und Konsistenz ihrer Produkte. Wenn Sie nun auf solche Dinge verzichten, kann es zu Entzugssymptomen wie Kopfschmerzen und Abgeschlagenheit kommen. Das ist unangenehm, aber glauben Sie uns: Ihr Körper passt sich schnell daran an, ab jetzt die vollwertige, nährstoffreiche Nahrung zu erhalten, auf die er genetisch programmiert ist. Die meisten Menschen berichten, dass das anfängliche Unwohlsein während der Umstellung auf die Höhlenmenschkost nach ein paar Tagen bis Wochen vorüber ist. Leichter wird es, wenn Sie den Gemüseverzehr hochschrauben, um möglichst viele Nährstoffe zu bekommen, und die Energieversorgung durch mehr gesunde Fette aufrechterhalten. Nicht selten kommt es dennoch zu Heißhunger auf bestimmte Dinge. Wappnen Sie sich dagegen mit den folgenden Tricks:

✳ EIER BEREITHALTEN

Stillen Sie Heißhunger mit einem Ei. Da Eier zu den nährstoffreichsten Lebensmitteln überhaupt zählen, stellt ein Ei den Körper meist zufrieden.

✳ EINE PORTION GESUNDES FETT

Gegen das Verlangen nach Zucker hilft vielfach ein Löffel Kokosöl in einer Tasse Grüntee oder schwarzem Kaffee.

✳ ABLENKUNG

Dieses uralte Geheimrezept hilft fast immer: Gehen Sie spazieren, rufen Sie eine Freundin an, nehmen Sie ein Bad, und ehe Sie es sich versehen, ist der Appetit vergessen.

✳ EINE PORTION »SCHOKOLADE«

Verrühren Sie etwas Biokakaopulver mit ein wenig Kokosöl. Das Fett aus dem Öl und die Süße des Kakaos helfen gegen Süßhunger.

✳ ZIELLINIE IM BLICK

Erinnern Sie sich an Ihr ursprüngliches Ziel. Wie wollen Sie am Ende aussehen? Wie soll es Ihnen gehen? Unterstützt das, worauf Sie Appetit haben, dieses Ziel? Wenn nicht, kommt es nicht in den Mund!

Kapitel 8:

Das gehört auf den Einkaufszettel

Bevor wir zum angenehmen Teil übergehen – den Rezepten –, sollten wir überlegen, nach welchen Kriterien man am besten die Zutaten auswählt. Auf dem Wochenmarkt oder direkt vom Bauern erhalten Sie viele Produkte frisch und mit gesicherter Herkunft. Manches kann man auch online bestellen.

GEFLÜGEL UND FLEISCH AUS NATURNAHER HALTUNG

Frisches Fleisch von Weidetieren sowie Geflügel aus Freilandhaltung sind grundsätzlich empfehlenswert. Dabei denken wir an naturbelassenes Fleisch, nicht an Wiener Würstchen, Fleischwurst oder Hähnchennuggets. Achten Sie auf hohe Qualität und kaufen Sie möglichst bei vertrauenswürdigen Händlern und Metzgern oder lokalen Einkaufskooperativen. Wir empfehlen

engen Kontakt zum Metzger vor Ort. Der weiß nicht nur, woher seine
Ware stammt, sondern hat meist auch tolle Zubereitungstipps auf Lager.
Fleisch ist bei dieser Ernährungsform ein wichtiger Lieferant essentieller
Aminosäuren. Außerdem bietet es Vitamine und Mineralstoffe wie Eisen,
Zink und Selen.[29] Im Idealfall stammt Ihr Fleisch von Weidetieren, die auch
im Freien aufgewachsen sind. Dann hat es einen höheren Anteil der
gesunden konjugierten Linolsäure (CLA), welche die Fettverbrennung
unterstützt. Auch der Gehalt an krebshemmenden Antioxidantien ist höher
als bei Tieren, die mit Getreide gemästet werden. Vor allem aber besteht
ein besseres Verhältnis von Omega-3- zu Omega-6-Fetten,[30] was für
Gewichtsabbau und Gesundheit von großer Bedeutung ist.
Die meisten Menschen gehen am liebsten in den Supermarkt um die Ecke.
Bedenken Sie aber, dass das dortige Fleisch größtenteils von Tieren stammt,
die mit Getreide gemästet wurden und vielfach Hormone und Antibiotika
erhalten haben. Die Rückstände davon stören beim Menschen die Hormonregulierung und erhöhen die Giftbelastung im Körper.
Im Optimalfall beziehen Sie Fleisch, Geflügel und Eier direkt vom Bauern,
der persönlich dafür geradesteht, dass seine Tiere ohne Hormone aufwach-
sen, nur unbedingt nötige Arzneimittel erhalten und normalerweise frei
über die Weide streifen dürfen. Der Begriff »Freiland« erweckt dabei
mitunter falsche Vorstellungen. Frei laufende Hühner haben möglicherweise
nie das Tageslicht gesehen, sondern müssen nur die theoretische Möglichkeit haben, ins Freie zu gelangen. Die Mindestvorgabe sind vier Quadratmeter begrünter Auslauf pro Huhn mit einem schützenden Unterstand.
Das ist immerhin mehr als bei »Bodenhaltung«, die im Stall bis zu neun
Hennen pro Quadratmeter gestattet.
Die Suche nach hochwertigem Fleisch kann anfangs etwas mühselig sein,
doch es hat erheblich mehr Nährwert. Und wenn Sie bewusst bei Bauern
kaufen, die ihre Tiere in einer natürlichen Umgebung und mit natürlichem
Futter aufziehen, leisten Sie nicht zuletzt einen Beitrag zum Tierschutz.

EIER

Ein Ei ist ein Multivitaminwunder mit Schale und eine tägliche Investition in die eigene Gesundheit. Fast alle Nährstoffe stecken im Eigelb, nicht im Eiweiß. Deshalb sollten Sie auf das Eigelb keinesfalls verzichten. Schon 2005 erläuterte Cholesterinexperte Chris Masterjohn den Nährwert des Dotters (Eigelb).[31] Dotter deckt unseren Bedarf an essentiellen Fettsäuren, Carotinoiden sowie den Vitaminen A, D, E und K zu 100 Prozent. Außerdem deckt er 90 Prozent der empfohlenen Tagesaufnahme an Kalzium, Eisen, Phosphor, Zink, Thiamin, Vitamin B_6 und B_{12} sowie Folsäure und 89 Prozent der benötigten Pantothensäure. Über das Cholesterin machen Sie sich inzwischen hoffentlich keine Gedanken mehr. Trotzdem interessiert es Sie vielleicht, dass einer aktuellen Studie zufolge ein höherer Eigelbverzehr bei 70 Prozent der Bevölkerung keinen Einfluss auf den Cholesterinspiegel hat.[32] Drei Eier pro Tag scheinen übrigens gesünder zu sein als der tägliche Apfel.[33]

FISCH UND MEERESFRÜCHTE

Fisch ist unglaublich gesund, und wer seinen Fischkonsum erhöht, fühlt sich nicht selten schon bald besser. Am besten essen Sie mindestens drei Portionen fetten Fisch pro Woche, um sich mit ausreichend gesundem Fett zu versorgen. Die höchsten Omega-3-Anteile haben Kaltwasserfische (Lachs, Hering, Makrele, Sardinen, Anchovis).

Im Idealfall ist der Fisch frisch und aus Wildfang. Tiefkühlware stammt häufig aus Fischfarmen, wo in den überfüllten Becken Verunreinigungen vorkommen können. Deshalb erhalten solche Fische Antibiotika und werden vor der Vermarktung noch mit Farbstoffen behandelt.

Beim Kauf von Fisch und Meeresfrüchten ist das Gebot der Nachhaltigkeit zu beachten. Bestimmte gewissenlose Praktiken in der Fischerei bedrohen die Zukunft zahlreicher Arten, so dass man die Herkunft genau prüfen sollte. Suchen Sie sich einen unabhängigen Fischhändler, der seine Lieferanten kennt. Im Handel gibt es teilweise auch geangelten Fisch. Oder Sie

verlassen sich auf das MSC-Gütesiegel (Marine Stewardship Council), das für Fisch aus zertifiziert nachhaltiger Fischerei steht.[34]
Im Supermarkt sollten Sie bei Barsch, Scholle, Makrele, Rotbarsch, Pollack, Sardinen, Hering, Anchovis, Krebs und Miesmuscheln zugreifen. Wenn Wildfang schwer zu bekommen oder einfach unbezahlbar ist, ist Fisch aus der Dose eine echte Alternative und kommt meist auch direkt aus dem Meer. Auch hier sollten Sie einen verantwortungsbewussten Hersteller wählen.

FETTE UND ÖLE

Dass es bei Ölen und Fetten große Unterschiede gibt, wissen wir bereits. Manche sind außerordentlich gesund. Und andere sollte man am besten gar nicht zu sich nehmen. Manche passen zum Salat, eignen sich aber nicht zum Kochen. Einige sind gut zum Verfeinern. Was also darf in den Einkaufswagen?

FETTE ZUM KOCHEN
Einfach und mehrfach ungesättigte, pflanzliche Fette sind zum Kochen leider die schlechteste Wahl. Beim Erhitzen verändern sie ihre Struktur und oxidieren. In diesem Zustand erhöhen sie im Körper die Entzündungsbereitschaft. Die Nutzung gesättigter Fette wie in der traditionellen Küche ist deutlich sinnvoller, weil diese Fette bei hohen Temperaturen stabiler bleiben.

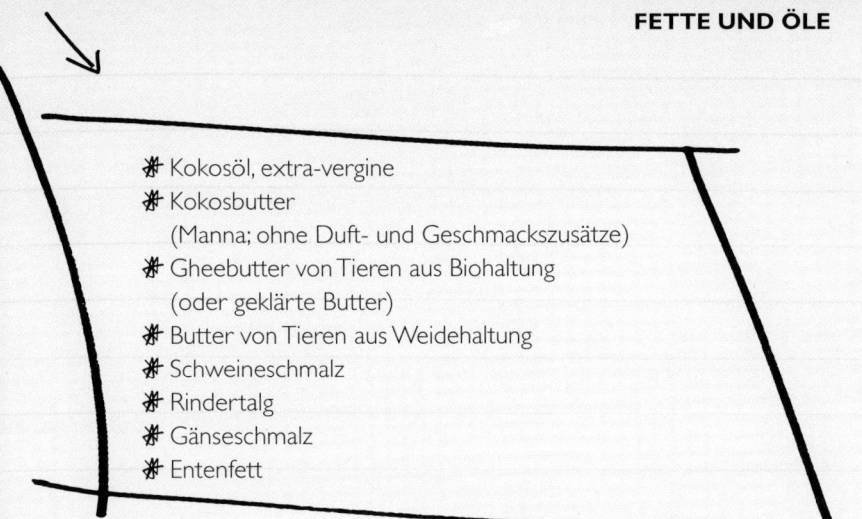

* Kokosöl, extra-vergine
* Kokosbutter
  (Manna; ohne Duft- und Geschmackszusätze)
* Gheebutter von Tieren aus Biohaltung
  (oder geklärte Butter)
* Butter von Tieren aus Weidehaltung
* Schweineschmalz
* Rindertalg
* Gänseschmalz
* Entenfett

FETTE ZUM DIREKTEN VERZEHR

Neben der Verwendung zum Kochen oder für Salate kann man Fett auch einfach als Teil der Mahlzeit ansehen:

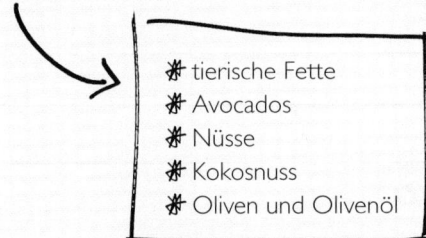

* tierische Fette
* Avocados
* Nüsse
* Kokosnuss
* Oliven und Olivenöl

ÖLE ZUR KALTEN VERWENDUNG

Einfach ungesättigte Fette eignen sich, um Salat und Gemüse mehr Nährwert und Geschmack zu verleihen:

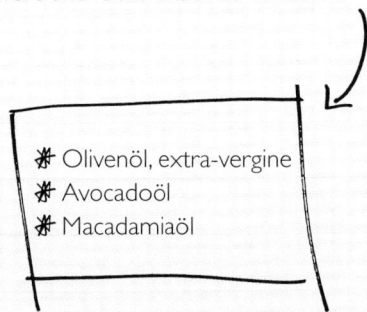

* Olivenöl, extra-vergine
* Avocadoöl
* Macadamiaöl

77

Diese Öle fügt man am besten *nach* dem Kochen hinzu. Ähnlich wie mehrfach ungesättigte Fette kann sich auch hier beim Erhitzen die chemische Struktur verändern, und die antioxidativen Eigenschaften werden zerstört. Gute Öle sind licht- und hitzeempfindlich. Kaufen Sie stets dunkle Flaschen und bewahren Sie diese im Kühlschrank auf.

FETTE ZUR SEHR SPARSAMEN VERWENDUNG

Für ein ausgewogenes Verhältnis zwischen Omega-3- und Omega-6-Fetten sollte der Verzehr von Omega-6-Fetten bewusst eingeschränkt werden, denn hiervon bekommen wir in der Regel zu viel. Mehrfach ungesättigte Fettsäuren sind praktisch allgegenwärtig, besonders in Restaurants. Wenn möglich, sollten Sie den Konsum gezielt zurückschrauben.

✳ Öle aus Keimen und Samen wie Mais, Sonnenblumen, Distel, Soja und Canola: **Am besten gar nicht erst kaufen!**

Möglichst selten verzehren:
✳ Nüsse und Nussöle (nur in Maßen)
✳ Fleisch aus Getreidemast
✳ konventionell erzeugtes Geflügel und Eier von solchen Hennen
✳ konservierte Lebensmittel (häufig wird Sonnenblumenöl zum Konservieren benutzt; prüfen Sie die Inhaltsstoffe)
✳ handelsübliche Mayonnaise und fertige Salatsaucen

DIESE FETTE SOLLTEN SIE MEIDEN

Machen Sie einen Bogen um hydrogenisierte oder teilweise hydrogenisierte (gehärtete) Fette und Öle.

* Backwaren (Kekse, Kuchen, Muffins, Kräuterbaguette …)
* Fertigprodukte (Frühstücksflocken, Chips und andere Kartoffelprodukte)
* fettarme Brotaufstriche und Margarine
* Fastfood und Tiefkühlgerichte

Hydrogenisierte Fette sind chemisch so verändert, dass die Körperzellen übermäßig Schaden nehmen. Nach dem Verzehr gerät die gesunde Herzgefäßfunktion sofort in Bedrängnis. Langfristiger Konsum solcher Fette scheint in unmittelbarem Zusammenhang mit Übergewicht, chronischen Erkrankungen, Krebs und vorzeitiger Alterung zu stehen.

MILCHPRODUKTE

Wer Milchprodukte verträgt, sollte am besten zu vollfetten Erzeugnissen aus Biohaltung greifen. Sahne, Naturjoghurt und Butter haben den größten Nährwert. Fermentierte (gesäuerte) Milchprodukte unterstützen die Darmflora und enthalten nur wenig Laktose, weil der Milchzucker während des Fermentierungsprozesses von den Bakterien verbraucht wird. Kefir ist in der Regel überall erhältlich. Nicht pasteurisierte Rohmilchprodukte gibt es in erster Linie bei Käse, und sie erfreuen sich wachsender Beliebtheit. Im Gegensatz zu pasteurisierter Milch enthält Rohmilch noch Laktaseenzyme, so dass der Körper die Laktose besser abbauen kann. Untersuchungen zufolge könnte Rohmilch vor bestimmten Viren und Bakterien schützen und zugleich krebshemmende und antimikrobielle Eigenschaften haben.[35]

UNSERE FÜNF LIEBLINGSMILCHPRODUKTE

✳ Biosahne oder unbehandelte Rohsahne (Direktverkauf)
✳ Butter oder Ghee-Butter von Weidetieren
✳ Naturjoghurt oder griechischer Joghurt mit lebenden, aktiven Kulturen
✳ Kefir mit lebenden, aktiven Kulturen
✳ Rohmilch (nicht pasteurisiert, am besten als streng kontrollierte »Vorzugsmilch«)

NÜSSE: »DAS NATÜRLICHE I-TÜPFELCHEN«

Ich glaube, ich hatte heute zu viele Nüsse!

In Maßen können Nüsse wertvolle Mineralstoffe und essentielle Fette liefern, und beim Umstieg auf die Steinzeiternährung erscheinen sie als gesunde, praktische Knabberei. Nüsse haben jedoch einen gewissen Suchtfaktor: Je mehr man isst, desto mehr will man. Trotz ihres Gehalts an wichtigen Mineralien wie Magnesium und Zink kann ein zu hoher Verzehr die Verdauung irritieren. Die meisten Nüsse enthalten zudem zu viele Omega-6-Fette, die wir ja begrenzen wollen.

In unseren Rezepten beschränken wir Nüsse daher auf ein Minimum und nutzen sie eher als Gewürz, das wir zur Abrundung über das Gemüse oder den Salat streuen. Gelegentlich nutzen wir auch gemahlene Nüsse (»Nussmehl«, »Mandelmehl«) für knusprige Panaden zum Beispiel bei Fisch oder Huhn oder für Kuchen und Kekse als glutenfreie Alternative.

Manche Nüsse haben ein etwas besseres Nährstoffprofil. Unsere drei Lieblingssorten sind:

❋ MACADAMIANÜSSE

Sie sind reich an einfach ungesättigten Fetten und enthalten sehr wenig Omega-6-Fette. Besonders lecker schmecken sie, wenn man sie in dunkle Schokolade taucht.

❋ MARONEN (ESSKASTANIEN)

Das Besondere an Maronen ist ihr hoher Stärkegehalt, der den Fettgehalt übersteigt. Deshalb sind sie eine ausgezeichnete Kohlenhydratquelle. Kastanienmehl eignet sich sehr gut zum Backen.

❋ PARANÜSSE

Paranüsse enthalten viel Selen, das für das Erinnerungsvermögen und die Schilddrüsengesundheit von Bedeutung ist. Schon ein bis zwei Stück decken den Tagesbedarf. Mehr sind aufgrund des hohen Omega-6-Gehalts auch nicht ratsam.

GEMÜSE

Frisches, hochwertiges Gemüse darf immer auf den Teller! Im Direktverkauf oder auf dem Wochenmarkt sind die Produkte oft (aber nicht immer!) frischer als im Supermarkt. Importware hat lange Transportwege hinter sich, wird vielfach unreif geerntet und später durch Ethylengas zum Nachreifen gebracht. Das beeinträchtigt den Nährstoffgehalt, und deshalb sind selbst konventionelle Erzeugnisse aus der näheren Umgebung importierten Produkten vielfach überlegen. Eher abzuraten ist von vorgeputztem Gemüse in Tüten, das bereits geschält und zerkleinert wurde, denn der Luftkontakt schadet den Vitaminen. Wenn Ihnen der praktische Aspekt wichtig ist, empfehlen wir Tiefkühlgemüse aus Bioanbau, das normalerweise saisongerecht angebaut und geerntet und zur Bewahrung der Nährstoffe schockgefrostet wird.

OBST

Früchte enthalten zahlreiche Antioxidantien, Vitamine und Mineralien, doch zu viel davon kann die Kohlenhydratmenge hochschrauben und den Abbau überschüssiger Polster behindern. Unsere Vorfahren aßen wilde Früchte, die bei weitem nicht so süß waren wie heute kultivierte Sorten. Zudem standen Früchte nicht das ganze Jahr zur Verfügung. Außerdem liegen die Kohlenhydrate von Früchten in Form von Fruchtzucker (Fruktose) vor, den viele Menschen schlecht vertragen und der den Appetit anregt. Da die meisten unserer Klienten mit Süßhunger zu kämpfen haben, haben wir festgestellt, dass weniger Obst wirklich hilfreich sein kann. Die Nährstoffe (bis auf den Zucker) sind samt und sonders auch in Gemüse enthalten, weshalb wir den Verzehr von Früchten nur gelegentlich empfehlen, zum Beispiel als Dessert.

Ausnahmen sind Zitronen, Limetten, Avocados und Beeren der Saison. Sie sind ausgesprochen zuckerarm und liefern so viele Antioxidantien, dass man sie regelmäßig essen sollte.

OBST ESSEN, NICHT TRINKEN!

Selbst frisch gepresster Fruchtsaft entspricht einer Riesenportion Zucker, die zügig ins Blut gelangt. Fruchtsäfte und Smoothies sind zur Haltbarmachung zudem häufig pasteurisiert. Dabei gehen viele Vitamine verloren, ganz besonders Vitamin C. Achten Sie daher darauf, Früchte möglichst in natürlicher Form zu verzehren: ein frisches Stück Obst mit allen darin enthaltenen Enzymen und intakten Fasern.

BLÄHENDE OBST- UND GEMÜSESORTEN

Einige Obst- und Gemüsesorten können schwer verdaulich sein. Man bezeichnet sie als FODMAPs – die Abkürzung für fermentierbare Oligosaccharide, Monosaccharide und Polyole (ein echter Zungenbrecher!). Diese drei Kohlenhydratformen werden vom Darm schlecht absorbiert, weshalb sie von Darmbakterien abgebaut werden müssen. Dabei entstehen Gase, die Blähungen erzeugen.

Wer nach dem Verzehr von FODMAP-haltigem Obst oder Gemüse mit Blähungen zu kämpfen hat oder sich kugelrund fühlt, sollte solche Lebensmittel nur selten oder gar nicht essen. Meistens haben sich unerwünschte Darmbakterien im Übermaß vermehrt, weshalb man die Ernährung umstellen muss. Der Paleo-Kochbuchautor Sebastien Noel erklärt seinen Lösungsansatz in einem Blogbeitrag.[36] Da die Toleranzschwelle für FODMAP-Koh-

lenhydrate individuell verschieden ist, lohnt es sich, bei Verdauungs-
problemen einige Wochen komplett auf die nachfolgend aufgeführten
Lebensmittel zu verzichten. Danach werden sie schrittweise in kleinen
Mengen wieder eingeführt, wobei man die eigene Reaktion beobachtet.

Obst

* die meisten
  Fruchtsäfte
* Trockenfrüchte
* Äpfel (auch
  Apfelsaft und
  Apfelmus)
* Aprikosen
* Birnen
* Datteln
* Dörrpflaumen
* Kirschen
* Lychees
* Mangos
* Pfirsiche
* Pflaumen
* Trauben
* Wassermelone

Gemüse

* Artischocke
* Blumenkohl
* Brokkoli
* Erbsen
* Fenchel
* Knoblauch
* Kohl (Weißkohl,
  Rotkohl)
* Lauch
* Okra
* Rosenkohl
* Rote Bete
* Schalotten
* Spargel
* Zuckerschoten
* Zwiebeln

Weitere Verdächtige mit FODMAPs

* Honig
* Lebensmittel,
  die mit Fruktose
  gesüßt wurden
* Zuckeraustausch-
  stoffe wie Sorbit
  (E 420), Mannit,
  Xylitol (E 967),
  Maltit (E 965)
  und Isomalt
  (E 953) (häufig
  in zuckerfreien
  Kaugummis,
  Bonbons oder
  Atemerfrischern
  verwendet)

DIE BIO-FRAGE

Dass Bioqualität auch eine Preisfrage ist, weiß jeder. Darum müssen Sie eventuell Prioritäten setzen. Achten Sie auf die Veröffentlichungen des Bundesamts für Verbraucherschutz und Lebensmittelsicherheit sowie unabhängiger Testinstitute (zum Beispiel Umweltinstitut München, Ökotest oder Stiftung Warentest), die stichprobenartig den Pestizidgehalt frischer Produkte ermitteln. Nachfolgend sehen Sie Ergebnisse aus den Jahren 2011 und 2012.[37] Die »Giftspritzen« umfassen die Lebensmittel, die zum Untersuchungszeitpunkt am stärksten mit Pflanzenschutzmitteln belastet waren. Hier sollten Sie zu Bioware greifen. Die »Saubermänner« benennen die Lebensmittel, die auch ohne Bioanbau kaum oder gar keine Pestizid-rückstände aufwiesen. Dies liegt zumeist an einer robusten Schale, die das essbare Innere vor direktem Pestizidkontakt schützt.

Saubermänner	Giftspritzen
✳ Ananas	✳ Aprikosen
✳ Aubergine	✳ Bananen
✳ Avocados	(Dominik. Republik)
✳ Cantaloup-Melone	✳ Beeren
✳ Champignons	✳ Clementinen
✳ Erbsen	✳ Erbsen mit Schote
(auch Tiefkühlware)	✳ exotische Früchte
✳ Grapefruit	✳ Grünkohl
✳ Kiwi	✳ Kamillentee
✳ Kohl	(im Einzelfall)
(Weißkohl, Rotkohl)	✳ Mandarinen
✳ Mangos	✳ Petersilie
✳ Papayas	✳ Rucola
✳ Spargel	✳ Tafeltrauben
✳ Süßkartoffeln	✳ Wassermelone
✳ Zuckermais	✳ Zucchini
✳ Zwiebeln	(Türkei)
	✳ Paprikapulver

DAS PALEO-GEWÜRZREGAL

Gewürze und Kräuter sollten Sie stets parat haben. Sie vollbringen geschmacklich wahre Wunder und liefern nebenbei wertvolle Antioxidantien. Viele Kräuter enthalten medizinisch wirksame Bestandteile, die im Körper Entzündungen hemmen, Viren bekämpfen und vor Krankheiten schützen. Am preisgünstigsten und nachhaltigsten ist es, Kräuter selbst zu ziehen. Wenn das nicht möglich ist, können Sie sich mit getrockneten Kräutern, getrocknetem Knoblauchgranulat und Ingwerpulver behelfen, doch grundsätzlich sind frische Kräuter und Gewürze, also auch frischer Knoblauch und Ingwer, am gesündesten. Die folgenden getrockneten Kräuter und Gewürze sollten Sie immer im Haus haben und nach dem Öffnen innerhalb von sechs Monaten verbrauchen, da sie mit der Zeit oxidieren können. Kaufen Sie Gewürze nach Möglichkeit aus Bioanbau. Sie haben nicht nur mehr Mikronährstoffe, sondern sind auch weniger von Rückständen belastet als die meisten konventionellen.

* Basilikum
* Cayennepfeffer
* Chilipulver
* chinesisches Fünf-Gewürze-Pulver
* Currypulver
* Kräutermischungen (Italienische Kräuter, Kräuter der Provence)
* Kreuzkümmel
* Kurkuma
* Meersalz (Atlantik) oder Himalayasalz
* Muskatnuss, gerieben
* Oregano
* Paprikapulver, edelsüß
* Paprikapulver, geräuchert
* Petersilie
* Pimentpfeffer
* Rosmarin
* schwarzer Pfeffer
* Senfkörner
* Senfpulver

✳ Thymian
✳ Zimt

Am besten selbst ziehen oder frisch einkaufen:
✳ Kräuter wie Petersilie, Rosmarin, Thymian, Estragon, Minze, Koriander,
   Basilikum
✳ Knoblauch
✳ Ingwer
✳ Zwiebeln

ZUM THEMA SALZ

Sie werden bemerken, dass wir beim Würzen gelegentlich zu unraffi-
niertem Salz raten. Die verwendete Menge hängt stark vom persönlichen
Geschmack ab. Wer Fertigprodukte streicht, reduziert automatisch die
Salzzufuhr, die Entzündungsneigung im Körper und damit die Wasser- und
Salzeinlagerung. Bei regelmäßiger sportlicher Betätigung muss man im
Einzelfall vielleicht mehr salzen, einfach weil man so stark schwitzt. Mit
hochwertigem Salz tragen Sie zur Deckung Ihres Natriumbedarfs bei.
Wir empfehlen unraffinierte Salzsorten wie keltisches Meersalz, rosafarbe-
nes Himalayasalz oder Kräutersalze aus dem Bioladen. In der Regel haben
solche Salze einen leicht erhöhten Mineralstoffgehalt. Handelsübliches
Speisesalz ist stark verarbeitet und oft mit Zusatzstoffen versetzt, deshalb
sollten Sie darauf verzichten.

ZEHN GRÜNDE FÜR MEHR WÜRZE IM LEBEN

1

GLÜCKLICH MIT FRISCHEM KORIANDER

Koriander regt die Produktion des Wohlfühlhormons Serotonin an.

2

ZIMT GEGEN SÜSSHUNGER

Zimt ist das Gewürz mit den meisten Antioxidantien und verbessert die Bereitschaft der Zellen, auf Insulin zu reagieren. Da es den Stoffwechsel anregt, trägt es zur Blutzuckersenkung bei.

ENTGIFTEN MIT PETERSILIE

Petersilie unterstützt die entgiftende Nierentätigkeit und wirkt so Wassereinlagerungen entgegen.

KREUZKÜMMEL BERUHIGT DEN MAGEN

Kreuzkümmel ist sehr gut für die Verdauung und gilt als traditionelles Heilmittel gegen Magenschmerzen, Durchfall, Übelkeit und morgendliches Erbrechen.

5

KURKUMA GEGEN EINFACH ALLES

Kurkuma ist ein Rundumschlag gegen Entzündungen. Untersuchungen belegen, dass der Bestandteil Kurkumin der Entstehung von Krebs und dem Wachstum von Krebszellen entgegenwirkt.

6

KNOBLAUCH BEI ERKÄLTUNG UND GRIPPE

Der Geheimtipp gegen Erkältungen und Grippe ist Knoblauch. Seine antimikrobielle Wirkung bekämpft Viren und Bakterien und entfaltet sich am besten, wenn man die Zehen vor dem Kochen zerdrückt oder fein hackt und ein paar Minuten stehen lässt.

7 INGWER ALS SCHMERZMITTEL

Ingwer ist stark entzündungshemmend. Deshalb lindert frischer Ingwertee entzündliche Erkrankungen wie Arthritis, Halsentzündungen oder Gelenkbeschwerden.

8 SENF IST NIE VERKEHRT

Senfsamen galten lange eher als Medizin, nicht als Nahrung. Wie andere Kreuzblütler (Weißkohl, Grünkohl, Brokkoli) enthält Senf viele krebshemmende Substanzen. Die Chinesen betrachten Senf traditionell als Aphrodisiakum.

9 ROSMARIN FÜRS GEDÄCHTNIS

Rosmarin unterstützt die Hirnfunktion, da er die Zerlegung von Neurotransmittern im Gehirn hemmt. Das verbessert das Erinnerungsvermögen und schützt vor Demenz.

10 DER GUTE ALTE SALBEI

Salbei wird aufgrund seiner entgiftenden Wirkung gern zur inneren Reinigung eingesetzt. In der Naturheilkunde verwendet man Salbei bei Zahnfleischentzündungen und Gelenkrheuma.

DAS GEHÖRT IN DEN EINKAUFSWAGEN

Proteine/Eiweiß

EIER
* Ente
* Huhn
* Gans

GEFLÜGEL
* Huhn
* Ente
* Pute

FLEISCH, WILD
* Lammfleisch
* Rindfleisch
* Schweinefleisch
* Büffelfleisch
* Hirsch, Reh, Wild-
  schwein
* Fasan
* Rebhuhn
* Innereien (Leber,
  Nieren)
* Kalbfleisch
* glutenfreie Wurst
  (mindestens
  80 Prozent
  Fleischgehalt)
* ungeräucherter
  Schinken

FISCH, MEERES-FRÜCHTE
* Anchovis
* Lachs
* Sardinen
* Makrelen
* Hering
* Garnelen
* Wolfsbarsch
* Miesmuscheln
* Krebse
* Tintenfisch
* Kabeljau
* Schellfisch
* Rotzunge
* Scholle
* Heilbutt
* Forelle
* Thunfisch

Fette

ÖLE
* Olivenöl,
  extra vergine
* Kokosöl
* Avocadoöl
* Macadamiaöl

STREICHFETT
* Ghee-Butter
* Butter
  von Tieren
  aus Weidehaltung
* Kokosbutter
  (Manna)

SONSTIGES
* süße Sahne
  von Tieren aus
  Weidehaltung
* Kokosmilch
* Kokosflocken
* Kokoscreme
  (Dose oder Tetrapack)
* Kokosfett (fest)
* getrocknete Kokosnuss

NÜSSE, NUSSBUTTER

- Cashewkerne
- Haselnüsse
- Macadamianüsse
- Mandeln
- Maronen
- Paranüsse
- Pekannüsse
- Pistazien
- Walnüsse

Kohlenhydrate

GEMÜSE

- Artischocke
- Aubergine
- Blumenkohl
- Brokkoli
- Butternut-Kürbis
- Champignons
- Grünkohl
- Kopfsalat
- Knollensellerie
- Kohl (Weißkohl, Rotkohl)
- Kresse
- Mangold
- Karotten
- Paprika
- Pastinaken
- Radieschen
- Rosenkohl
- rote Zwiebeln
- Rucola
- Salatgurke
- Spargel
- Spinat
- Staudensellerie
- Süßkartoffel
- Tomaten
- weiße Zwiebeln
- Zucchini

OBST, FRÜCHTE UND BEEREN

- Zitronen
- Limetten
- Avocados
- Brombeeren
- Heidelbeeren
- Himbeeren
- Erdbeeren
- Stachelbeeren

ALLE SONSTIGEN FRÜCHTE GELEGENTLICH

ZUSAMMENFASSUNG & TIPPS FÜR UNTERWEGS

Jetzt wissen Sie alles, was Sie benötigen, um auf Paleo umzusteigen. Damit kommen wir zur spannendsten Frage: »Was gibt's zu essen?« Zuvor wollen wir aber noch einmal zusammenfassen, was Sie beachten müssen:

* keine Fertigware wie Wurstaufschnitt, Brot, Kekse, Chips, Limonade oder Süßigkeiten
* keine hydrogenisierten (gehärteten) Fette
* keine künstlichen Süßungsmittel
* möglichst wenig Zucker
* kein glutenhaltiges Getreide
* keine homogenisierten, fettreduzierten Milchprodukte
* keine Öle oder Produkte aus Omega-6-reichen Samen oder Kernen
* nur hochwertiges Fleisch von Weiderindern und freilaufendem Geflügel
* 2–3 Mal pro Woche Omega-3-reichen Fisch
* viel Gemüse!
* vollfette Milchprodukte (Butter, Sahne) von Tieren aus Weidehaltung
* Kohlenhydrate in Maßen und nur in Form von Süßkartoffeln, Gemüse und Reis
* gesättigte und einfach ungesättigte Fette
* viele Kräuter und Gewürze
* Obst in Maßen (und am besten nur Zitronen, Limetten, Avocados und Beeren der Saison)
* das Zauberwort lautet Mäßigung (auch im Dessertteil!)
* gute Planung, Vorkochen, eventuell auch Einfrieren bestimmter Mahlzeiten und Snacks

AB IN DIE KÜCHE

Fast jedes Rezept in diesem Buch wurde von uns entwickelt, nachgekocht und fotografiert. Für uns und viele andere war dieser Weg goldrichtig — jetzt sind Sie dran. Wir sind sicher, dass auch Sie davon profitieren.

FRÜH-STÜCKS-IDEEN

POCHIERTE EIER

Pochieren ist für Eier die schonendste Zubereitungsform. Es gibt verschiedene Vorgehensweisen, finden Sie heraus, welche Ihnen am besten liegt!

METHODE 1: DIE KLASSISCHE VARIANTE

SIE BRAUCHEN:
1 EL Apfelessig
Eier

1. Einen kleinen Topf mit Wasser füllen und Apfelessig hinzugeben. Erhitzen, bis das Wasser zu sieden beginnt.
2. Umrühren, bis sich ein Strudel bildet. Das Ei in die Strudelmitte aufschlagen. Durch die Bewegung des Wassers schließt sich das Ei zu einer Kugel.
3. Nach 2–3 Minuten ist das Eiweiß fest und das Eigelb noch flüssig. Wer es lieber fester mag, lässt es noch etwas garen.

METHODE 2: POCHIERTE EIER IN DER SILIKONFORM

SIE BRAUCHEN:
Silikonformen für pochierte Eier
Macadamiaöl oder Olivenöl
Eier

1. Einen Topf mit Wasser füllen und erhitzen, bis das Wasser zu sieden beginnt.
2. Die Silikonformen mit etwas Olivenöl einfetten, damit die Eier nicht festkleben. Eier in die Silikonformen aufschlagen.
3. Die gefüllten Formen in das siedende Wasser geben. Deckel auf den Topf setzen.
4. Nach 3–5 Minuten ist das Eiweiß fest und das Eigelb noch flüssig.

PETERSILIENLACHS UND POCHIERTES EI

Unschlagbar gesund und schnell zubereitet. Wer mag, bereitet die doppelte Menge zu und nimmt eine Portion mit ins Büro. Sie brauchen dafür einen Dampfgarer (oder Dampfgareinsatz bzw. Dämpfkorb).

300 g Lachsfilet
2 TL Petersilie, getrocknet
4 große Handvoll Spinat
4 Eier
2 EL Apfelessig
Salz und Pfeffer zum Abschmecken

Zubereitungszeit: 2 Minuten
Garzeit: 10 Minuten
Portionen: 2

1. Den Lachs mit Petersilie bedecken und in den Dampfgarer legen.
2. Währenddessen die Eier pochieren (siehe S. 96).
3. Während des Pochierens den Spinat in den Dampfgarer geben.
4. Alles auf einem Teller anrichten und servieren.

OMEGA-3-BOMBE

Von der Omega-3-Bombe backen wir eine große Portion in einer Kastenform und schneiden sie dann scheibenweise auf. Im Kühlschrank lässt sie sich gut ein paar Tage aufbewahren. So steht immer ein schnelles Frühstück oder eine gesunde Zwischenmahlzeit bereit.

Kokosöl oder Butter für die Form
8 Eier
Salz und Pfeffer zum Abschmecken
1 Zucchini, geraspelt (mit Schale)
300 g Makrelenfilet, gegart (eingelegt, aus der Dose oder selbst
**   vorgegart); alternativ Lachs, Sardinen, Hering oder gekochtes**
**   Fleisch**

Zubereitungszeit:
10 Minuten
Garzeit: 30 Minuten
Portionen: 4

1. Ofen auf 175 °C vorheizen.
2. Eine Kastenform mit Butter oder Kokosöl fetten.
3. Eier in einer großen Rührschüssel aufschlagen, Eiweiß und Eigelb verquirlen. Salzen und pfeffern.
4. Zucchiniraspel unter die Eier ziehen. Makrelenfilets stückchenweise zur Zucchini-Ei-Masse geben.
5. In die Backform gießen und 20–30 Minuten backen.
6. Mit einem Messer oder der klassischen Stäbchenprobe prüfen, ob es fertig ist: Das Messer oder Holzstäbchen sollte sich sauber herausziehen lassen.

Rührei mit Schnittlauch und Bacon

Ein einfaches, herzhaftes Frühstück, das in Minutenschnelle fertig ist und lange satt hält. Für dieses Rezept verwenden wir neben Frühlingszwiebeln auch Schnittlauch. Er gehört ebenfalls zur Familie der Zwiebelgewächse, ist aber milder und zarter.

1 EL Kokosöl
4 Scheiben ungeräucherter Frühstücksspeck (Bacon)
6 Eier
2 Handvoll frischer Schnittlauch, gehackt
4 Frühlingszwiebeln, gehackt
Salz und Pfeffer zum Abschmecken

Zubereitungszeit: 5 Minuten
Garzeit: 5 Minuten
Portionen: 2

1. Kokosöl in der Pfanne auf niedriger Stufe zergehen lassen, Speck hinzugeben.
2. Eier in einer Schüssel verquirlen, gehackten Schnittlauch und Frühlings-zwiebeln dazugeben.
3. Kross gebratenen Speck aus der Pfanne nehmen, die Eiermischung in die Pfanne gießen. Unter ständigem Rühren zu Rührei verarbeiten.
4. Salzen, pfeffern und mit dem Speck anrichten.

Zartes Koriander-Omelett

Eine ungewöhnliche Omelettvariante, die Sie unbedingt probieren sollten.
Frischer Koriander und Kokosfett verleihen dem Gericht das gewisse Etwas.
Für ein schnelles Abendessen ergänzen wir das Omelett mit etwas
gedünstetem Fisch.

1 EL Kokosöl
2 Handvoll frischer Spinat,
  gewaschen
6 Eier
2 EL Kokosfett
8 EL frischer Koriander,
  gehackt
120 g gegarter Fisch oder
  Huhn (auf Wunsch)

Zubereitungszeit:
5 Minuten
Garzeit: 10 Minuten
Portionen: 2

1. Kokosöl auf niedriger Stufe in der
Pfanne zerlassen.
2. Spinat zugeben und erhitzen.
3. Eier in einer Schüssel verrühren,
Kokosfett und Koriander dazugeben.
4. Eimischung über den Spinat
gießen und auf niedriger Stufe etwa
5 Minuten garen; dabei das
Omelett vorsichtig vom Pfannenrand lösen, damit es nicht festbäckt.
5. Zusammenklappen und servieren, nach Belieben mit Fisch oder
Huhn.

Frühstückscalzone

Pizza zum Frühstück? Sehr lecker!

1 TL Kokosöl
4 Eier
2 EL Tomatensauce (siehe S. 223)
1 große Handvoll Spinat, gewaschen
3–4 dünne Scheiben Ziegengouda (nach Belieben)
**1 kleine Handvoll frisches Basilikum (oder 1 TL Kräuter
der Provence)**
½ rote Paprika, gehackt
5 grüne Oliven, halbiert

- - - - - - - -

Zubereitungszeit: 5 Minuten
Garzeit: 10 Minuten
Portionen: 1–2

- - - - - - - -

Varianten für die Füllung:
Thunfisch, Feta und rote Zwiebel
Bratwurstreste und Süßkartoffel
Schinken und Pilze
Frikadellenreste
Avocado, Tomate und Mozzarella

1. Kokosöl in einer Pfanne zerlassen.
2. Eier in einer Rührschüssel gründlich verrühren, Masse in die Pfanne gießen.
3. Einige Minuten garen lassen, bis das Ei stockt (die Oberfläche sollte noch leicht flüssig sein). Vorsichtig vom Pfannenrand lösen, damit die Masse nicht festbäckt.
4. Tomatensauce gleichmäßig auf das Omelett verstreichen.
5. Spinatblätter rupfen und mit Ziegenkäse und Basilikum auf das Omelett streuen. Paprika und Oliven hinzufügen, vorsichtig zusammenklappen und die Ränder leicht zusammendrücken.
6. Weitere 5 Minuten garen, bis der Käse geschmolzen ist.
7. Am besten schmeckt die Calzone frisch aus der Pfanne, aber man kann sie auch kalt genießen.

EIFREI IN DEN TAG

Ein schmackhaftes, eifreies Pfannengericht, das blitzschnell fertig ist. Ideal als herzhafte Grundlage für den Tag.

1 TL Kokosöl
½ rote oder weiße Zwiebel, geschält und gehackt
2 Tomaten, gehackt
225 g Hühner- oder Putenhackfleisch
3 EL Tomatensauce (siehe S. 223)
1 TL gemischte Kräuter
Salz und Pfeffer zum Abschmecken
Avocadoscheibchen (nach Belieben)

Zubereitungszeit: 10 Minuten
Garzeit: 10 Minuten
Portionen: 1–2

1. Kokosöl in einer Pfanne erhitzen.
2. Zwiebel und Tomaten in die Pfanne geben und anbraten.
3. Das Hackfleisch hinzugeben und 2–3 Minuten mitbraten.
4. Tomatensauce, Kräuter, Salz und Pfeffer zufügen und weitere 5 Minuten garen.
4. Je nach Belieben mit Avocadoscheibchen garnieren und servieren.

FRÜHSTÜCKS-BURGER

Speck, Avocado und Tomate zwischen
zwei saftigen Buletten. Hält nicht nur
ein paar Stunden, sondern den ganzen
Tag satt!

450 g Hühner- oder Putenhackfleisch
2 EL gemischte Kräuter
Salz und Pfeffer zum Abschmecken
2 reife Avocados
6 Scheiben Frühstücksspeck
  (Bacon)
1 große Handvoll Spinat
2 große Tomaten

Zubereitungszeit:
10 Minuten
Garzeit: 20 Minuten
Portionen: 3–4

 **TIPP**

Das Avocadomus mit frischem Koriander, etwas Zitronensaft oder
½ Teelöffel Chilipulver geschmacklich aufpeppen.

1. Ofen auf 175 °C vorheizen.
2. Hackfleisch mit den Kräutern und Gewürzen verkneten. 6–8 Burger
formen und etwa daumendick flach drücken. Auf dem Rost im Ofen
20 Minuten grillen (oder 10 Minuten in der Pfanne garen).
4. In der Zwischenzeit die Füllung vorbereiten: Avocado auslöffeln, in eine
Schüssel geben und mit Salz und Pfeffer würzen. Mit einer Gabel leicht
zerdrücken.
5. Speck in einer Pfanne anbraten.
6. Fleisch aus dem Ofen holen und Burger wie folgt zusammensetzen:
1 Scheibe Burgerfleisch, Spinatblätter, 2 Scheiben Speck, 2 Löffel Avocadocreme, Tomatenscheiben, obenauf eine zweite Scheibe Burgerfleisch.

PUTENTOAST

Der Trick bei diesem »Toast« sind die Gewürze.
Unbedingt heiß servieren und etwas geschmolzene Butter hinzugeben!

Ghee (Butterschmalz), Butter oder Gänsefett
450 g Putenhackfleisch
1 TL gemischte Kräuter (wie Thymian, Rosmarin oder Petersilie)
Salz und Pfeffer zum Abschmecken

Zubereitungszeit: 5 Minuten
Garzeit: 10 Minuten
Portionen: 4

《 TIPP 》

Der Putentoast schmeckt besonders köstlich mit getrockneten Tomaten
(siehe Rezept auf S. 215) und Pilzen.

1. Fett auf niedriger Stufe in einer Pfanne erhitzen.
2. Hackfleisch, Kräuter und Gewürze in einer Schüssel verkneten.
3. Hackfleisch auf einem Stück Backpapier glatt streichen und mit einem
Messer in Quadrate schneiden. Die Quadrate mit einem Pfannenheber
in die Pfanne setzen. Etwa 5 Minuten auf jeder Seite goldbraun braten.
4. Aus der Pfanne nehmen und mit etwas Butter oder Ghee bestreichen.

Gefüllte Avocado

Schnell, schmackhaft und ein super Sattmacher!

1 EL Ghee (Butterschmalz), Butter oder Kokosöl
2 Hähnchenbrüste, gewürfelt
Salz und Pfeffer zum Abschmecken
2 TL Paprikapulver, geräuchert
3 Scheiben Frühstücksspeck,
   gewürfelt
1 reife Avocado
2 Tomaten (als Beilage, nach Belieben)

Zubereitungszeit:
5 Minuten
Garzeit: 10 Minuten
Portionen: 2

1. Fett in einer Pfanne erhitzen und Hühnerfleisch darin anbraten.
Mit Salz, Pfeffer und geräuchertem Paprikapulver würzen.
2. Speck in einer zweiten Pfanne goldbraun braten.
3. Während Huhn und Speck garen, die Avocado halbieren und entsteinen.
Avocadofleisch auslöffeln und zu einer leicht stückigen Creme zerdrücken.
Die Schale von beiden Hälften intakt lassen.
4. Avocadoschalen mit der Creme füllen, Huhn und Speck darauf anrichten.

Knuspriges Frühstücksmüsli

Wer morgens gern etwas zu beißen hat, sollte unsere Müslivariante ausprobieren. Sie liefert auch zwischendurch schnelle Energie.

6 EL geröstete Kokosflocken (am besten selbst geröstet, dann sind sie krosser)
2 EL Walnüsse
4 EL ganze Macadamianüsse
2 TL Rosinen
6 EL ungesüßte Mandelmilch oder Kokosmilch

- - - - - - - -

Zubereitungszeit: 5 Minuten
Garzeit: 0 Minuten
Portionen: 2

- - - - - - - -

Zutaten vermengen und mit Mandel- oder Kokosmilch genießen.

Rührei mit getrockneten Tomaten und Chorizo

Dieses Frühstück entdeckten wir kürzlich beim Brunch in einem Londoner Café. Die Kombination ist eine phantastische Idee!

2 Chorizo-Würste
1 EL Kokosöl
6 Eier
2–3 getrocknete Tomaten (siehe S. 215), gehackt

- - - - - - - -

Zubereitungszeit: 5 Minuten
Garzeit: 5 Minuten
Portionen: 2

- - - - - - -

1. Chorizowurst in Scheiben schneiden und in einer Pfanne auf mittlerer Stufe auf beiden Seiten anbraten.
2. In einer zweiten Pfanne das Kokosöl zerlassen. Die Eier in einer Schüssel verrühren und in die Pfanne geben. Zu Rührei verarbeiten.
3. Die getrockneten Tomaten zum Rührei geben, mit der gebratenen Chorizowurst servieren.

LEBERSTREIFEN MIT EI

Leber ist nicht jedermanns Sache. Ernährungstechnisch ist das ein Jammer, weil sie so viele Vitamine und Mineralstoffe enthält. Zudem schmeckt es super, wenn man gebratene Leberstreifen in Eigelb tunkt.

1 EL Kokosöl
400 g Kalbsleber (oder vom Rind)
4 Eier

Zubereitungszeit: 5 Minuten
Garzeit: 10 Minuten
Portionen: 2

1. Kokosöl in einer Pfanne zerlassen. Die Leber in Streifen in die Pfanne geben und auf niedriger Stufe langsam garen.
2. Wasser in einem kleinen Topf zum Kochen bringen, die Eier anstechen und hineinlegen. Etwa 3 Minuten weichkochen lassen (Eieruhr benutzen!).
3. Gare Eier in Eierbecher setzen, köpfen und die Leberstreifen eintunken.

EIER MIT AVOCADO UND THUNFISCH

Die Extraportion Proteine und gesunde, ungesättigte Fette halten stunden-lang satt und fit.

4 Eier
1 Avocado
Saft von 1 Limette
1 Prise Chilipulver oder ½ TL Chiliflocken
150 g in Wasser eingelegter Thunfisch

Zubereitungszeit:
5 Minuten
Garzeit: 5 Minuten
Portionen: 2

1. Eier anstechen und in kochendes Wasser geben. Nach 5 Minuten in kaltem Wasser abkühlen lassen.
2. Avocado halbieren, entsteinen und das Fleisch in eine Schüssel geben. Mit Limettensaft und Chili würzen und mit einer Gabel zerdrücken.
3. Gekochte Eier in Scheiben schneiden und mit Avocadocreme und abgetropftem Thunfisch servieren.

Klein, aber oho!

Zitrus-Ceviche mit Avocado-Tomaten-Salat

Bei diesem Gericht verlassen wir uns auf die natürliche Chemie der Zitrusfrüchte, deren Säfte das Fischprotein so zersetzen, dass der Fisch auch ohne Hitze »gart«.

300 g frisches Wildlachsfilet, in Stücken
Saft von 1 Limette
Saft von 1 Zitrone
½ Avocado, fein gewürfelt
¼ Salatgurke, fein gewürfelt
5 Kirschtomaten, fein gewürfelt
1 rote Zwiebel, geschält und in Ringen (nach Belieben)
Jalapeños (nach Belieben)
1 Handvoll frischer Koriander, gehackt
1 EL Olivenöl, extra vergine
Salz und Pfeffer zum Abschmecken

Zubereitungszeit: 15 Minuten
(plus mindestens sechs Stunden
Marinierzeit, besser über Nacht)
Garzeit: 0 Minuten
Portionen: 2

1. Lachs in eine Glasschüssel oder einen Gefrierbeutel geben und gut mit dem Zitronen- und Limettensaft vermengen. Mindestens 6 Stunden oder im Idealfall über Nacht im Kühlschrank marinieren.
2. Für den Salat die Avocado, die Gurke und die Kirschtomaten vermengen. Nach Belieben Zwiebelringe und Jalapeños hinzufügen.
3. Zum Servieren den marinierten Lachs auf dem Salat anrichten. Mit frischem Koriander bestreuen, etwas Olivenöl darüberträufeln und mit Salz und Pfeffer würzen.

GARNELENCOCKTAIL

Das Knifflige ist hier die Cocktailsauce, weil die Geschmäcker so verschieden sind. Spielen Sie mit Gewürzen und Tomatenmark, bis Sie Ihre individuelle Mischung gefunden haben.

Für die Cocktailsauce:
2 EL Mayonnaise (siehe S. 221)
1 EL Tomatenmark
1 Prise Cayennepfeffer
Tabasco (nach Belieben)
200 g gegarte Shrimps

Für den Salat:
Kopfsalat, in Blätter zerteilt
frische Petersilie
Saft von ½ Zitrone
½ rote Paprika, in Streifen
**   (nach Belieben)**

Zubereitungszeit: 10 Minuten
Garzeit: 0 Minuten
Portionen: 2

1. Mayonnaise in einer Schüssel mit Tomatenmark und Cayennepfeffer verrühren. Nach Belieben mit einem Schuss Tabasco oder mehr Cayennepfeffer abschmecken. Wer die Tomate stärker herausschmecken möchte, nimmt mehr Tomatenmark.
2. Shrimps zur Sauce geben und auf dem Blattsalat anrichten. Mit Petersilie bestreuen und frischen Zitronensaft darüberträufeln. Wer mag, gibt rote Paprikastreifen dazu.

DEFTIGES SALATSANDWICH

Sandwich ohne Brot? Wickeln Sie die Zutaten einfach in feste Salatblätter ein. Entscheidend ist die Füllung, und diese Zusammenstellung schmeckt immer.

6 Scheiben ungeräucherter Frühstücksspeck (Bacon)
2 EL Mayonnaise (siehe S. 221)
4 getrocknete Tomaten, gehackt (siehe S. 215)
einige Kopfsalatblätter
einige Avocadoscheiben

Zubereitungszeit: 5 Minuten
Garzeit: 5 bis 8 Minuten
Portionen: 2

1. Den Speck auf kleiner Stufe 5–8 Minuten anbraten.
2. Danach den Speck in Stücke schneiden und mit Mayonnaise und Tomatenstücken mischen.
3. Über den Blattsalat geben oder in einen Salatwrap wickeln und einige Avocadoscheiben daraufsetzen.

Salat für den Veggie-Tag

In dieser Zusammenstellung ist Blattsalat unwiderstehlich!

**4 Handvoll gemischter Salat und Kräuter
(Kresse, Feldsalat, Rucola)**
einige Walnusskerne, geröstet und gehackt
3 Rote Beten, in Scheiben
I Avocado, gewürfelt
**8 Scheiben Ziegencamembert,
je I cm dick**
I EL frischer Thymian, gehackt
2 EL Olivenöl
Salz und Pfeffer zum Abschmecken

Zubereitungszeit:
10 Minuten
Garzeit: 5 bis 10 Minuten
Portionen: 2

I. Salat, Kräuter, Walnüsse, Rote Bete und Avocado auf zwei tiefen Tellern anrichten.
2. Backofen vorheizen, Ziegenkäse darin in einer ofenfesten Form goldbraun grillen oder backen. Er soll die Form behalten und nicht zu weich werden.
3. Thymian, Olivenöl, Salz und Pfeffer in einer separaten Schüssel verrühren und über den Salat träufeln.
4. Ziegenkäse auf den Salat setzen und servieren.

Gefüllte Tomaten

Mit dieser Vorspeise verwöhnen Sie Ihre Gäste
(oder als Zwischensnack Sie sich selbst).

4 Eier
4 große Fleischtomaten
2 EL Mayonnaise (siehe S. 221)
4 EL frischer Schnittlauch, gehackt

Zubereitungszeit:
10 Minuten
Garzeit: 5 Minuten
Portionen: 2

1. Eier anstechen und 5 Minuten hart kochen, dann in kaltem Wasser
abkühlen lassen.
2. Tomaten »köpfen« und Saft, Fleisch und Kerne mit einem Löffel entfernen, ohne die Schale dabei zu beschädigen.
3. Abgekühlte Eier pellen, hacken und mit der Mayonnaise vermengen.
4. Den Eiersalat in die Tomaten löffeln und mit Schnittlauch bestreuen.
Den Tomatendeckel als Untersetzer benutzen oder (zum Mitnehmen)
wieder aufsetzen.

Hackbällchen mit Biss

Ob warm oder kalt: Diese Hackbällchen passen immer. Wir machen gern Anfang der Woche eine große Portion, die dann als schneller Snack im Kühlschrank bereitsteht. Am besten schmecken sie mit Schweinehack, doch probieren Sie ruhig verschiedene Fleischsorten und Würzmischungen aus.

450 g Schweinehackfleisch
1 EL frischer Rosmarin, gehackt
1 EL frischer Thymian, gehackt
1 rote Zwiebel, geschält und
** fein gehackt**
Salz und Pfeffer zum
** Abschmecken**
200 g Maronen, geschält und
** geröstet**

Zubereitungszeit:
10 Minuten
Garzeit: 20 bis 25 Minuten
Portionen: 4 bis 6
(zwei Fleischbällchen
pro Person)

1. Den Ofen auf 175 °C vorheizen.
2. Alle Zutaten bis auf die Maronen in einer Schüssel gründlich verkneten.
3. Die Maronen klein hacken und unter die restlichen Zutaten mischen.
4. Acht bis zwölf golfballgroße Fleischbällchen rollen. Auf ein Backblech legen und in 20 bis 25 Minuten schön knusprig braun backen.

⟪ TIPP ⟫

Zu Huhn- oder Putenhack passen auch Staudensellerie und Champignons. Italienische Kräuter eignen sich als Alternative zu frischen Kräutern.

POWERROLLEN

Geeignet als schneller Snack oder Beilage. Sie brauchen hierfür einen Dampfgarer (oder einen Dampfgareinsatz).

1 EL Olivenöl (und etwas Öl für das Blech)
3 kleine Süßkartoffeln, geschält
und gewürfelt
1 EL frischer Rosmarin, gehackt
1 TL Thymian, gehackt
60 g Schafs- oder Ziegenfeta
8 bis 10 Scheiben luftgetrockneter
Schinken

Zubereitungszeit: 15 Minuten
Garzeit: 10 Minuten
Portionen: 4

1. Ofen auf 175 °C vorheizen. Ein Backblech leicht fetten.
2. Süßkartoffeln in einem Dampfgarer 10–15 Minuten weich kochen.
3. Rosmarin, Thymian und Feta mit einer Gabel gut vermengen, gekochte Süßkartoffeln mit dem Kräuterkäse zerstampfen.
4. Die fertige Masse in je eine Scheibe Schinken wickeln. Es soll ein festes Röllchen entstehen.
5. Die gefüllten Schinkenröllchen auf das Backblech legen. Mit Olivenöl beträufeln und 10 Minuten backen. Der Schinken soll an den Rändern appetitlich gebräunt sein.

LEBERPÂTÉ

Leber enthält viele Nährstoffe und schmeckt als Pâté ganz besonders gut – unbedingt ausprobieren!

2 EL Butter (und etwas für die Form)
6–8 Scheiben Frühstücksspeck, gewürfelt
2 Knoblauchzehen, geschält und
**   fein gehackt**
200 g Champignons, in Scheiben
225 g Hühnerleber
Salz und Pfeffer zum Abschmecken

Zubereitungszeit:
10 Minuten
Garzeit: 8 bis 10 Minuten
Portionen: 4

1. Einen Teelöffel Butter auf niedriger Stufe in einem Topf zerlassen. Darin Speckwürfel, Knoblauch, Pilze und Hühnerleber 8–10 Minuten garen, bis die Leber gebräunt ist.
2. Alle Zutaten im Mixer oder in der Küchenmaschine zu einer Creme verarbeiten, abschmecken und die restliche Butter hinzufügen.
3. Die Masse in eine mit Butter gefettete Form geben und im Kühlschrank aushärten lassen.

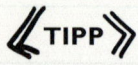 **TIPP**

Schmeckt bestens auf Gurkenscheiben, Paprikastücken oder Fleischtomaten (oder Sie naschen einfach so ein wenig). Intensiver wird die Pâté mit Lammleber.

SÜßKARTOFFEL-WEDGES

Lecker für zwischendurch oder als Beilage. Als Sauce empfiehlt sich selbstgemachte Guacamole (siehe S. 222).

Für die Wedges:
1 EL Kokosöl
3 TL Paprikapulver, geräuchert
1 TL Salz
4 große Süßkartoffeln, in Schnitzen

Zum Dippen:
125 g saure Sahne oder Crème fraîche
3 EL frischer Schnittlauch, gehackt
1 Prise Paprikapulver

1. Ofen auf 175 °C vorheizen.
2. Kokosöl zerlassen, mit Paprikapulver und Salz verrühren.
3. Süßkartoffelschnitze im Gewürzöl wenden und auf einem Backblech 40 Minuten backen.
4. Für den Dip die saure Sahne mit dem Schnittlauch verrühren, mit Paprikapulver bestreuen und bis zum Verzehr kalt stellen.
5. Den Schnittlauchdip zu den heißen Kartoffeln servieren.

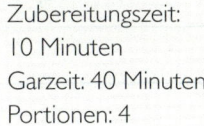

Zubereitungszeit: 10 Minuten
Garzeit: 40 Minuten
Portionen: 4

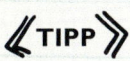

《 TIPP 》

Für Süßkartoffelchips die Kartoffeln einfach in feine Scheiben schneiden und nach Geschmack würzen.

Gebackene Kürbistaler

Gebackenes Gemüse (vor allem Wurzelgemüse) steckt voller Vitamine und Antioxidantien und ist ein ausgezeichneter Energielieferant, besonders für Sportler. Wem das Gericht zu einfach ist, der setzt etwas gegartes Fleisch obenauf.

1 ganzer Kürbis (am besten Sorte Butternut)

Auf diese Weise kann man große Scheiben von praktisch jeder Gemüse-sorte zubereiten, wie Süßkartoffeln, Pastinaken, Sellerie oder Rote Bete.

Zubereitungszeit:
10 Minuten
Garzeit: 50 Minuten
Portionen: 4

1. Den Ofen auf 160 °C vorheizen.
2. Kürbis vom spitzen Ende her in fingerdicke Scheiben schneiden, Kerne entfernen.
3. Kürbisscheiben auf ein mit Backpapier ausgelegtes Blech geben und 50 Minuten backen. Die Schale sollte leicht knusprig sein und das Fleisch weich.

Zucchinipuffer

Man könnte sie auch als Miniomeletts mit Zucchini bezeichnen.
Auf jeden Fall eignen sie sich rund um die Uhr als Snack.

6 Eier
2 Zucchini, geraspelt
1 große Handvoll
frischer Schnittlauch, gehackt
Kokosöl für die Pfanne
Salz und Pfeffer zum Abschmecken

Zubereitungszeit: 10 Minuten
Garzeit: 5 Minuten
Portionen: 2

1. Eier in einer großen Schüssel verrühren.
2. Zucchiniraspel und die Hälfte des Schnittlauchs zu den Eiern geben,
gleichmäßig unterrühren.
3. Kokosöl in einer großen Pfanne auf mittlerer Stufe erhitzen. 2–3 Esslöffel der
Zucchinimasse in die Pfanne geben. 1–2 Minuten auf jeder Seite anbräunen.
4. Salzen, pfeffern und mit dem restlichen Schnittlauch bestreuen.

Unsere
Lieblings-
burger

Burgerkönig und -königin

Burger schmecken zu jeder Tages- und Nachtzeit, und man kann sie gut auf Vorrat zubereiten und mitnehmen. Außerdem ist Hackfleisch meist günstiger als größere Fleischstücke. Achten Sie dennoch auf Fleisch aus Weidehaltung – fragen Sie an der Fleischtheke nach!

» Meine Freunde kennen meine Vorliebe für rotes Fleisch. Deshalb mag ich Burger vom Rind, Lamm oder exotischen Tieren wie Zebra, Kobe-Rind oder Kamel (erst die Nase rümpfen, wenn Sie es probiert haben!). Zu einem intensiveren Fleischaroma passen kräftige Gewürze wie Knoblauch, Zwiebeln, Chili, Senf oder Tomate. «

» Ich favorisiere Pute oder Huhn. Geflügel ist unaufdringlich im Geschmack und lässt sich gut mit frischen Kräutern wie Estragon, Rosmarin oder Thymian kombinieren. Probieren Sie es aber auch mal mit Thaigewürzen oder italienischen Kräutern. «

PUTENBURGER
MIT ESTRAGON UND VITALFRITTEN

Putenbraten mag wohl jeder, aber der Umgang mit Putenhackfleisch ist nicht ganz so einfach, weil das saftige Aroma des gerösteten, ganzen Vogels fehlt. Zum Ausgleich würzen wir hier mit reichlich Estragon, der nicht nur Geschmack, sondern auch jede Menge Antioxidantien liefert.

Für die Vitalfritten:
4–5 Karotten, geschält
   und in Streifen
Saft von ½ Zitrone
4 Knoblauchzehen, geschält
   und fein gehackt

Für die Burger:
450 g Putenhackfleisch
1 Ei
1 Bund frischer Estragon, gehackt

Als Beilage gibt es
Mayonnaise (siehe S. 221).

Zubereitungszeit:
10 Minuten
Garzeit: 40 Minuten
Portionen: Ergibt 4–5 Burger

1. Ofen auf 175 °C vorheizen.
2. Die Karotten auf ein Backblech legen, mit Zitronensaft beträufeln und die Hälfte des Knoblauchs darüberstreuen.
3. 40 Minuten backen, bis die Streifen zart sind.
4. In der Zwischenzeit das Hackfleisch mit dem Ei, dem restlichen Knoblauch und dem Estragon in eine Schüssel geben. Alle Zutaten verkneten und zu Burgern formen.
5. Die flachen Burger in einer Grillpfanne 20–25 Minuten garen. Mit den Vitalfritten anrichten.

THAIBURGER

Die Thaiwürzung mit Limette, Chili und frischem Koriander passt zu Schweinefleisch, Huhn oder Pute.

450 g Schweine-, Hühner- oder Putenhackfleisch
1 EL thailändische Fischsauce (nach Belieben)
1 Ei
Saft von 1 Limette
2 Knoblauchzehen, geschält und fein gehackt
1 große Handvoll frischer Koriander, gehackt
1 frische grüne Chili, gehackt
Salz und Pfeffer zum Abschmecken

1. Den Ofen auf 175 °C vorheizen.
2. Das Fleisch in einer Schüssel mit Fischsauce, Ei, Limettensaft, Knoblauch, Koriander, Chili, Salz und Pfeffer verkneten.
3. Die Masse zu Burgern formen und auf einem Grillrost 20–25 Minuten backen.

Zubereitungszeit:
10 Minuten
Garzeit: 20–25 Minuten
Portionen: 4–5 Burger

Als Beilage gibt es
Pak Choi (Senfkohl), in Kokosöl sautiert.

Burger-Cupcakes

Eine witzige Vorspeise, aber auch perfekt für Partys. Pesto ist immer eine interessante Würzmöglichkeit für Burger aller Art.

450 g Schweine-, Puten- oder Hühnerhackfleisch
2 EL Basilikumpesto
1 Ei
Salz und Pfeffer zum Abschmecken

Zum Dekorieren:
Kürbispüree (siehe S. 203)
8 bis 10 Kirschtomaten

Zubereitungszeit: 10 Minuten
Garzeit: 20–25 Minuten
Portionen: 8–10 Cupcakes

1. Ofen auf 175 °C vorheizen.
2. Hackfleisch in einer Schüssel mit Pesto, Ei, Salz und Pfeffer verkneten. Zu Kugeln rollen und mit einer Tasse zu Cupcakes formen oder in eine entsprechende Form füllen. Natürlich können Sie auch ganz normale Burger daraus backen.
3. Das Fleisch 20–25 Minuten im Ofen backen.
4. Je einen Teelöffel Kürbispüree und eine Kirschtomate auf die Cupcakes setzen und servieren.

Französische Putenburger

Esskastanien (Maronen) sind als »Brot der Armen« eine traditionelle, getreidefreie Kohlenhydratquelle. Das Mehl eignet sich zum Backen; mit ganzen Maronen kann man gebackenes Gemüse, Füllungen oder Burger aufwerten.

450 g Putenhackfleisch
1 Ei
2 Knoblauchzehen, geschält
und fein gehackt
6 frische Zweige Rosmarin
Salz und Pfeffer
zum Abschmecken
250 g geschälte, geröstete
Maronen, gehackt

Zubereitungszeit: 10 Minuten
Garzeit: 20 Minuten
Portionen: 8 Burger

1. Ofen auf 175 °C vorheizen.
2. Hackfleisch, Ei, Knoblauch, Rosmarin, Salz und Pfeffer in einer Schüssel verkneten. Gehackte Maronen in die Masse geben. Alle Zutaten gut verkneten und zu Burgern formen.
3. Die flachen Burger 20 Minuten im Ofen garen.

Als Beilage gibt es
Kürbispüree (siehe S. 203).

Orientalische Lammburger

Zu Lammfleisch passen Gewürze wie Kreuzkümmel, geräuchertes Paprikapulver oder gemahlener Koriander. In diesem Rezept kombinieren wir
Kreuzkümmel mit Knoblauch und Tomatenmark. Experimentieren Sie ruhig
mit eigenen Würzmischungen!

450 g Lammhackfleisch
1 Ei
3 Knoblauchzehen, geschält
und fein gehackt
1 TL gemahlener Kreuzkümmel
3 EL Tomatenmark
Salz und Pfeffer zum Abschmecken

Zubereitungszeit: 10 Minuten
Garzeit: 20–25 Minuten
Portionen: 4–5 Burger

1. Den Ofen auf 175 °C vorheizen.
2. Hackfleisch, Ei, Knoblauch, Kreuzkümmel, Tomatenmark, Salz und
Pfeffer in einer Schüssel verkneten und zu Burgern formen.
3. Die flachen Burger in einer Grillpfanne oder auf einem Grillrost
20–25 Minuten im Ofen garen.

Als Beilage gibt es
gedünsteten Spinat und Zucchini-Wedges (siehe S. 208)

Matt's deftiger Chorizoburger

Macht Männer wunschlos glücklich!

450 g Rinderhack
2 kleine Chorizo-Würste,
  gewürfelt
1 Ei
2 EL Tomatenmark
½ rote Zwiebel, geschält und fein gehackt
Salz und Pfeffer zum Abschmecken

Zubereitungszeit:
10 Minuten
Garzeit: 20–25 Minuten
Portionen: 4–5 Burger

1. Den Ofen auf 175 °C vorheizen.
2. Fleisch in einer Schüssel mit Chorizo, Ei, Tomatenmark, Zwiebelwürfeln, Salz und Pfeffer verkneten.
3. Die Masse zu Burgern formen und auf einem Grillrost 20–25 Minuten im Ofen backen.

Als Beilage gibt es
Süßkartoffel-Wedges (siehe S. 123).

SENFBURGER

Wir Briten haben eine Vorliebe für Roastbeef und Senfchips. Dieser Burger kombiniert beide Geschmacksnoten.

450 g Rinderhack
1 Ei
1 gehäufter EL Senfpulver
1 EL Petersilie, gehackt
Salz und Pfeffer zum Abschmecken

Zubereitungszeit: 10 Minuten
Garzeit: 20–25 Minuten
Portionen: 4–5 Burger

Als Beilage gibt es
Blumenkohlbrei (siehe S. 201).

1. Ofen auf 175 °C vorheizen.
2. Alle Zutaten in einer großen Schüssel verkneten. Aus der Mischung mehrere flache Burger formen.
3. Burger in einer Grillpfanne oder auf einem Grillrost 20–25 Minuten im Ofen garen.

Schnelle Hauptgerichte

GARNELENCURRY

Sahnig, heiß und würzig: das perfekte Essen für einen trüben Montagabend.
Das Curry steht im Handumdrehen auf dem Tisch und hilft dank der
Kräuter und Gewürze, den anstrengenden Montag gut ausklingen zu lassen.

420 ml Biokokosmilch
2 TL Currypulver
1 TL frischer Ingwer, gerieben
1 Zwiebel, geschält und gewürfelt
Kokosöl oder Gheebutter für die Pfanne
450 g Garnelen
2 große Handvoll frischer Spinat
frischer Koriander zum Garnieren

Zubereitungszeit:
10 Minuten
Garzeit: 15 Minuten
Portionen: 4

1. Kokosmilch, Currypulver und Ingwer für die Sauce in einer Schüssel
verrühren. Beiseitestellen.
2. Zwiebelwürfel im Kokosöl 2 Minuten anbraten. Currysauce hinzufügen
und 5 Minuten leicht köcheln lassen.
3. Garnelen dazugeben und garen, bis sie kräftig rosa sind.
4. Zum Schluss den Spinat hinzufügen und zusammenfallen lassen.
Mit Koriander bestreut servieren.

THAIBARSCH

Seebarsch mit köstlichen thailändischen Gewürzen – in fünf Minuten auf dem Tisch.

Kokosöl für die Pfanne
½ Chilischote, gehackt
  (wer es schärfer mag,
  verwendet gleich die ganze)
3 Knoblauchzehen, geschält
  und fein gehackt
1 große Handvoll frischer
  Koriander
1 fingerdickes Stück Ingwer,
  geschält und gerieben
1 mittelgroßer Pak Choi,
  gehackt

1 Zucchini, in Scheiben
2 Seebarschfilets
Saft von 1 Limette
Salz und Pfeffer zum
  Abschmecken

Zubereitungszeit: 5 Minuten
Garzeit: 10 Minuten
Portionen: 2

1. Kokosöl auf niedriger Stufe in der Pfanne zerlassen.
2. Chili, Knoblauch, Koriander und Ingwer 1 Minute darin anbraten.
3. Pak Choi und Zucchinischeiben hinzufügen und vermengen.
Pak Choi und die Zucchini an den Pfannenrand schieben.
4. Fischfilets mit Haut nach unten in die Pfannenmitte legen.
Nach 2–3 Minuten mit einem Pfannenheber vorsichtig wenden.
Erhitzen, bis der Fisch vollständig gegart ist.
5. Fisch und Gemüse mit Limettensaft beträufeln, mit Salz und Pfeffer würzen und servieren.

Als Beilage gibt es Blumenkohlreis (siehe S. 200).

Süße Knoblauchgarnelen

Ein schnelles Essen für ganz Hungrige. Der Trick sind die Kokosraspel,
die der Knoblauchsauce eine gewisse Süße verleihen.

Kokosöl für die Pfanne
2 Knoblauchzehen, geschält und fein gehackt
180 g Garnelen (am besten Wildfang, aus der Tiefkühltheke)
2–3 EL Tomatensauce (siehe S. 223)
I EL Bio-Kokosfett

Zubereitungszeit: 5 Minuten
Garzeit: 10 Minuten
Portionen: 2

1. Kokosöl auf niedriger Stufe in der Pfanne zerlassen.
2. Knoblauchwürfel hinzufügen und 2 Minuten mitgaren. Wenn der
Knoblauch zu bräunen beginnt, die rohen Shrimps hinzugeben. Sobald die
Shrimps rosa werden, die Tomatensauce dazugießen.
3. Kokosfett direkt über die Shrimps raspeln und weiterrühren, bis eine
cremige Sauce entsteht.

Als Beilage gibt es
gedünsteten Brokkoli oder einen
großen gemischten Salat.

Fisch im Schlafrock

Pesto und Schinken geben dem Fisch etwas Pfiff. Hier haben wir zusätzlich Kirschtomaten in Knoblauch ergänzt.

10 frische Kirschtomaten
2 Knoblauchzehen, geschält und fein gehackt
2 Fischfilets à 150 g (zum Beispiel Felchen)
1 EL Basilikumpesto
4 Scheiben luftgetrockneter Schinken

Zubereitungszeit: 10 Minuten
Garzeit: 20 Minuten
Portionen: 2

1. Ofen auf 175 °C vorheizen.
2. Tomaten in eine Backform setzen, mit Knoblauch bestreuen und 20 Minuten im Ofen backen.
3. In der Zwischenzeit die Fischfilets mit Pesto bestreichen und in je zwei Scheiben Schinken wickeln.
4. Filets auf einem Backblech 12–15 Minuten garen.

Als Beilage gibt es
frischen Spargel.

Gebratene Makrele

Makrele ist eine erstklassige Omega-3-Quelle und ein preiswerter Speisefisch. Der kräftige Geschmack kann gewöhnungsbedürftig sein. Milder wird der Fisch mit Kreuzkümmel und schwarzem Pfeffer.

2 Makrelenfilets à 150 g
2 EL Apfelessig
1 TL gemahlener
 Kreuzkümmel
½ TL schwarzer Pfeffer,
 gemahlen
2 Stiche Butter

Zubereitungszeit: 5 Minuten
Garzeit: 20 Minuten
Portionen: 2

1. Ofen auf 175 °C vorheizen.
2. Makrelenfilets in eine Backform legen, je einen Esslöffel Apfelessig darüberträufeln und mit Kreuzkümmel und Pfeffer würzen.
Dann einen Stich Butter (je ein Teelöffel) auf die Filets setzen.
3. Die Makrelen 20 Minuten backen.

Als Beilage gibt es
gedünsteten Spinat und Blumenkohlreis (siehe S. 200).

FISCH-FRIKADELLEN MIT SÜSS-KARTOFFELN

Ein weiteres Rezept für die Omega-3-Versorgung. Die Süßkartoffeln mildern den Makrelengeschmack und können so selbst Makrelenverächter überzeugen. Sie brauchen hierfür einen Dampfgarer (oder einen Dampfgar-einsatz).

2 kleine Süßkartoffeln, gewürfelt
4 TL Kokosöl oder Butter
1 rote Zwiebel, geschält und gehackt
1 EL frischer Rosmarin, gehackt
2 gegarte Pfeffermakrelenfilets
Salz und Pfeffer

Zubereitungszeit: 10 Minuten
Garzeit: 25 Minuten
Portionen: 2

≪ TIPP ≫

Statt mit Süßkartoffeln lässt sich dieses Gericht auch mit einem Rest Kürbispüree zubereiten.

1. Süßkartoffeln im Dampfgarer in 10–15 Minuten weich kochen.
2. Die Hälfte des Kokosöls in einer Pfanne zerlassen, die Zwiebelwürfel sanft anschwitzen und vom Herd nehmen.
3. Süßkartoffeln abgießen und zu einem lockeren Brei stampfen. Gehackten Rosmarin untermischen.
4. Filets auseinanderzupfen und in den Kartoffelbrei geben. Zwiebelwürfel unterheben, aus der Masse Frikadellen formen.
5. Das restliche Kokosöl in einer Pfanne zerlassen und die Fischfrikadellen etwa 5 Minuten auf beiden Seiten goldbraun braten.

Als Beilage gibt es einen großen gemischten Salat.

SENFLACHS

Senfkörner sind Alleskönner, die unserer Meinung nach zu wenig Beachtung finden. Ihre krebshemmenden Eigenschaften wurden schon wiederholt untersucht. Die hier vorgestellte Gewürzmischung mit Kokosmilch passt zu zahlreichen Fisch- und Geflügelgerichten.

Gheebutter oder Kokosöl für die Pfanne
2 TL helle Senfkörner
¼ TL Fenchelsamen (auf Wunsch)
200 ml Kokosmilch
¼ TL gemahlener Kreuzkümmel
¼ TL gemahlene Kurkuma
1 EL gemahlener Senf
2 frische Chilis, gehackt
** (oder 1 TL Chilipulver)**
1 Zucchini, in Scheiben
3 Lachsfilets à 150 g

Zubereitungszeit: 5 Minuten
Garzeit: 20 Minuten
Portionen: 2

1. Butter oder Kokosöl in einer Pfanne erhitzen.
2. Senfkörner hinzugeben und unter Rühren anrösten. Sobald die Samen aufspringen, Fenchelsamen und Kokosmilch hinzufügen.
3. Restliche Gewürze unterrühren, Zucchinischeiben zufügen.
4. Die Sauce leicht zum Sieden bringen, dann den Fisch hinzugeben. Weitere 5 Minuten kochen, bis der Fisch gar ist.

Als Beilage gibt es
gedünstetes Gemüse.

GEBACKENER LACHS MIT TOMATEN

Dieses Gericht ist überaus schmackhaft und dabei unglaublich einfach zuzubereiten. Das Geheimnis liegt in der Zusammenstellung der Gewürze. Gleichzeitig liefern die Zutaten eine breite Palette an Antioxidantien sowie unsere Lieblingsgewürze gegen Krebs: Kurkuma, schwarzen Pfeffer, Kreuzkümmel und Garam Masala.

Gheebutter oder Butter für die Pfanne
1 rote Paprika, gehackt
1 TL Kurkuma
1 TL schwarzer Pfeffer
1 TL gemahlener Kreuzkümmel

1 TL Garam Masala
1 Prise Salz
4 Lachsfilets à 150 g
250 ml Tomatensauce (siehe S. 223)
250 ml Wasser oder Brühe
1 EL Zitronensaft

Zubereitungszeit: 5 Minuten
Garzeit: 15 Minuten
Portionen: 4

1. Butter in einer Pfanne zerlassen und Paprika mit den Gewürzen anbraten.
2. Lachsfilets dazugeben, Tomatensauce und Wasser oder Brühe hinzugeben, bis der Fisch vollständig bedeckt ist. Bei schwacher Hitze 5–8 Minuten vollständig garen.
3. Mit Zitronensaft beträufeln und servieren.

Als Beilage gibt es
Zucchini-Fritten (siehe S. 208), oder Sie garen am Ende ein wenig Spinat oder Grünkohl in der Sauce mit.

Jamaika-Lachs

Mit einer scharfen Karibiknote kommen Fisch oder Fleisch ganz neu zur Geltung.

1 TL Pimentpfeffer
½ TL gemahlener Zimt
½ TL gemahlener Kreuz-
  kümmel
1 TL Paprikapulver, geräuchert
1 TL Cayennepfeffer oder
  Chilipulver
1 TL Salz
1 zwei Finger dickes Stück
  Ingwer, geschält und gerieben

2 Knoblauchzehen, geschält
  und fein gehackt (oder
  1 TL Knoblauchpulver)
2 EL Olivenöl oder Kokosöl
Saft von 1 Limette
4 Lachsfilets à 150 g
frischer Koriander zum
  Garnieren

Zubereitungszeit: 5 Minuten
Garzeit: 20–25 Minuten
Portionen: 4

Den Lachs vor dem Garen mindestens 2–3 Stunden oder am besten sogar 24 Stunden marinieren.

1. Ofen auf 175 °C vorheizen.
2. Alle Zutaten bis auf Lachs und Koriander in eine Schüssel geben und zu einer gleichmäßigen Masse verrühren.
3. Lachsfilets marinieren (siehe Tipp) und in eine Backform legen. Mit der restlichen Marinade beträufeln und im Ofen 20–25 Minuten backen. Am besten schmeckt es, wenn der Lachs an der Oberfläche leicht kross ist.
4. Mit frischem Koriander garnieren.

Als Beilage gibt es
Blumenkohlreis (siehe S. 200) oder eine halbe Avocado für eine gesunde Mahlzeit voller guter Fette.

Schnelles Piri-Piri-Huhn

Eine Abwandlung des portugiesischen Klassikers nur mit Gheebutter und Gewürzen. Kinderleicht!

**Gheebutter oder Butter für
  die Pfanne**
1 EL Chilipulver
geriebene Schale von 1 Bio-Zitrone
**4 Knoblauchzehen, geschält und
  fein gehackt**
1 Huhn von ca. 1,8 kg, geviertelt

Zubereitungszeit:
10 Minuten
Garzeit: 40–50 Minuten
Portionen: 4

1. Ofen auf 175 °C vorheizen.
2. Butter schmelzen und Chilipulver, Zitronenschale und Knoblauch dazugeben.
3. Hühnerviertel mit der Gewürzbutter bepinseln und in einer Auflaufform 40–50 Minuten backen, bis der Fleischsaft klar ist.

≪ TIPP ≫

Reste hiervon sind ein perfektes Abendessen. Kalt passt das Fleisch auch gut zu einem großen gemischten Salat.

Gefüllte Hühnerbrust à la Italienne

Unkompliziert und ohne langes Marinieren, und trotzdem duftet die Küche schon nach wenigen Minuten nach Italien.

2 große Hühnerbrüste ohne Knochen
4 getrocknete Tomaten (siehe S. 215)
4 grüne Oliven, in Scheiben
10 Blätter frisches Basilikum
6 Scheiben luftgetrockneter Schinken

Zubereitungszeit:
5 Minuten
Garzeit: 25 Minuten
Portionen: 2

1. Ofen auf 175 °C vorheizen.
2. Hühnerbrüste roh halbieren und jeweils zwei getrocknete Tomaten, zwei Oliven in Scheibchen und einige zerrupfte Basilikumblätter zwischen die Hälften legen.
3. Jede Brust in drei Scheiben Schinken wickeln, damit die Füllung bleibt, wo sie ist.
4. Auf ein Backblech legen und 25 Minuten backen.

Als Beilage gibt es frischen Spinatsalat und gegrillte Tomaten.

HUHN MIT KREUZKÜMMEL UND RATATOUILLE

Im Duo unterstützen Kreuzkümmel und schwarzer Pfeffer die körpereigene Krebsabwehr.

2 EL Gheebutter oder Butter für die Pfanne
1 EL gemahlener Kreuzkümmel
1 TL schwarzer Pfeffer
2 Hähnchenbrüste oder 4 -schenkel
2 Knoblauchzehen, geschält und fein gehackt
1 große Zwiebel, geschält und gehackt

1 gelbe oder rote Paprika, gehackt
8–10 Kirschtomaten
1 Zucchini, in Scheiben
1 Prise Salz
Saft von ½ Zitrone

Zubereitungszeit: 10 Minuten
Garzeit: 20–30 Minuten
Portionen: 2

1. Ofen auf 175 °C vorheizen.

2. Einen Esslöffel Butter zerlassen, mit Kreuzkümmel und Pfeffer verrühren.

3. Hühnerfleisch mit der Gewürzbutter bepinseln, in einer Auflaufform 20–30 Minuten garen.

4. Restliche Butter auf niedriger Stufe in der Pfanne zerlassen. Knoblauch und Zwiebel hinzufügen und anbraten.

5. Paprika, Kirschtomaten und Zucchini in die Pfanne geben und mitbraten. Mit Salz abschmecken. So lange braten und wenden, bis die Paprika und die Zucchini langsam weich werden.

6. Das gegarte Huhn mit dem Gemüse anrichten und mit Zitronensaft beträufeln.

THAI-CHICKEN MIT FRÜHLINGSREIS

Mit wenigen Zutaten gelingt blitzschnell ein wunderbares Essen. Kochen Sie gleich etwas mehr, dann haben Sie ein Mittagessen für den nächsten Tag!

1 EL Kokosöl
1 EL Fünf-Gewürze-Pulver,
  gehäuft
1 Knoblauchzehe,
  geschält und fein gehackt
1 Stückchen Ingwer,
  geschält und fein gehackt
2 große Hühnerbrüste mit
  Haut

Für den Reis:
1 Tasse Blumenkohlreis
  (siehe S. 200)
3 Frühlingszwiebeln, gehackt
Salz und Pfeffer zum
  Abschmecken

Zubereitungszeit: 10 Minuten
Garzeit: 25–30 Minuten
Portionen: 2

1. Ofen auf 175 °C vorheizen.
2. Kokosöl zerlassen und mit dem Fünf-Gewürze-Pulver, Knoblauch und Ingwer zu einer Paste verarbeiten.
3. Hühnerbrüste in der Marinade wenden und in etwa 25–30 Minuten im Ofen garen. (Messertest: Der Bratensaft soll klar sein.)
4. Fünf Minuten vor Ende der Garzeit den Blumenkohlreis zubereiten und das Rezept um die Frühlingszwiebeln ergänzen. Auf kleiner Stufe kochen und gelegentlich umrühren, damit der Blumenkohl nicht übergart.
5. Den Blumenkohl mit Salz und Pfeffer würzen und zum Huhn servieren.

Schnelles Hühnercurry

Diese schmackhafte, einfache Gewürzmischung mit gehackten Tomaten ist unglaublich schnell fertig und passt zu allen Fleisch- und Fischarten.

1 EL Gheebutter, Butter oder Kokosöl
2 Hähnchenbrüste oder 4 -schenkel, gewürfelt
2 TL Currypulver, mittelscharf
2 TL gemahlener Koriander
½ TL gemahlener Kreuzkümmel
½ TL Kurkuma
½ TL schwarzer Pfeffer (nach Belieben)
1 EL Ingwer, geschält und gerieben
2 Knoblauchzehen, geschält und fein gehackt
1 große Zwiebel, geschält und gehackt
1 Dose gewürfelte Tomaten (400 g)

Zubereitungszeit: 5 Minuten
Garzeit: 25–35 Minuten
Portionen: 2

1. Fett in einen Schmortopf geben und Hähnchenbrüste 5 Minuten darin anbraten.
2. Gewürze, Ingwer, Knoblauch, Zwiebel und Tomaten hinzufügen, bis das Huhn davon bedeckt ist. (Wenn nötig, etwas Wasser hinzufügen.)
3. Zum Kochen bringen und 20–30 Minuten auf kleiner Stufe garen, bis das Fleisch schön zart ist.

Als Beilage gibt es
Blumenkohlreis (siehe S. 200).

Putencurry mit Kokosmilch

Ein schnelles, einfaches Curry für zwei.

400 ml Bio-Kokosmilch
2 Knoblauchzehen, geschält und fein gehackt
1 Stückchen Ingwer, geschält und fein gehackt
1 EL helle Senfkörner
1 TL gemahlener Kreuzkümmel
1 EL gemahlener Koriander
1 TL gemahlene Kurkuma
3 scharfe Chilis oder 1 TL scharfes Chilipulver
2 Zwiebeln, geschält und gehackt
2–3 Tomaten, geviertelt
200 g Champignons (auf Wunsch), geviertelt
450 g Putenfleisch, gewürfelt

Zubereitungszeit: 10 Minuten
Garzeit: 25–35 Minuten
Portionen: 2

1. Kokosmilch, Knoblauch, Ingwer, Gewürze, Chilis (oder Chilipulver), Zwiebeln, Tomaten und Pilze in eine große Pfanne geben. Auf kleiner Stufe garen.
2. Die Putenwürfel hineingeben und (wenn nötig) so viel Wasser angießen, dass das Fleisch vollständig von der Sauce bedeckt ist.
3. Zum Kochen bringen und 20 bis 30 Minuten auf kleiner Stufe garen, bis das Fleisch schön zart ist.

Als Beilage gibt es
Blumenkohlreis (siehe S. 200).

Rindersteak mit Knofi-kartoffeln und Sauce béarnaise

Ein Klassiker, gesund und lecker. Unser Lieblingsessen für den Freitagabend!

Für die Knofikartoffeln:
2 Süßkartoffeln, in Stäbchen geschnitten
2 Knoblauchzehen, geschält und fein gehackt
1 EL Butter oder Gheebutter

Für die Sauce béarnaise:
3 Eigelb
3 EL Olivenöl
1 EL Zitronensaft
Salz und Pfeffer zum Abschmecken

Für das Steak:
2 Steaks vom Weiderind
1 EL Butter oder Gheebutter

Als Beilage gibt es
gedünstetes Gemüse.

Zubereitungszeit:
15 Minuten
Garzeit: 35 Minuten
Portionen: 2

1. Ofen auf 175 °C vorheizen.
2. Die Süßkartoffelstäbchen auf ein Backblech legen, mit Knoblauch bestreuen und mit einem Esslöffel Butter beträufeln. Einige Minuten backen, bis das Fett zerläuft, dann das Backblech rütteln, damit wirklich alle Stäbchen mit Knoblauch und Öl bedeckt sind. 25–30 Minuten backen.
3. In der Zwischenzeit die Sauce béarnaise zubereiten: Die Eigelbe in einem kleinen Topf vorsichtig durchrühren. Unter Rühren allmählich zwei Esslöffel heißes Wasser, Olivenöl, Zitronensaft, Salz und Pfeffer hinzufügen.
4. Die Sauce in einem Wasserbad verrühren, bis sie eindickt (das dauert nur etwa eine halbe Minute). Die Sauce anschließend zur Seite stellen.
5. Wenn die Kartoffeln fast fertig sind, die Steaks auf niedriger bis mittlerer Stufe in einem Esslöffel Butter anbraten und je nach Belieben braten.
6. Steaks und Kartoffeln auf einem Teller anrichten und die Sauce béarnaise dazu servieren.

Libanesische Hackröllchen

Wir lieben die libanesische Küche, und diese würzigen Koftas sind schnell zubereitet. Sie schmecken sowohl direkt aus dem Ofen als auch kalt am nächsten Tag.

450 g Rinderhackfleisch
1 mittelgroße weiße Zwiebel,
  geschält und fein gehackt
½ TL gemahlener Zimt
½ TL Cayennepfeffer
½ TL Pfeffer
½ TL gemahlener Kreuzkümmel
½ TL Salz

－ － － － － － －

Zubereitungszeit: 10 Minuten
Garzeit: 15–20 Minuten
Portionen: 2

－ － － － － － －

1. Ofen auf 175 °C vorheizen.
2. Alle Zutaten in eine Schüssel geben und zu einem gleichmäßigen Teig verkneten.
3. Kurze Röllchen formen und auf einem Backblech 15–20 Minuten backen, nach 10 Minuten wenden.

Als Beilage gibt es
Blumenkohlreis (siehe S. 200) und einen grünen Salat.

CHILI AUF BLUMENKOHL

Wir bereiten stets reichlich hiervon zu, denn am Folgetag schmeckt das Gericht noch besser, ob zum Abendessen oder als schnelle Zwischenmahlzeit.

1 EL Gheebutter oder Butter für die Pfanne
900 g Rinder- oder Lamm-hackfleisch
2 rote Zwiebeln, geschält und gewürfelt
3 Tomaten, gewürfelt
2 EL Tomatenmark
1 Dose gewürfelte Tomaten (420 g)
3 Knoblauchzehen, geschält und fein gehackt
1 rote Paprika, in Streifen
1 EL gemischte Kräuter
1 TL Chilipulver

1 EL Paprikapulver, geräuchert
1 EL gemahlener Kreuzküm-mel
½ TL Salz
1 TL Pfeffer

Als Beilage gibt es
Blumenkohlreis (siehe S. 200) und Guacamole (siehe Seite 222).

Zubereitungszeit: 10 Minuten
Garzeit: 30 Minuten
Portionen: 6

1. In einem großen Topf Butter erhitzen, Hackfleisch und Zwiebelwürfel darin anbraten. Restliche Zutaten in den Topf geben, durchrühren, abdecken und 25–30 Minuten bei schwacher Hitze garen.
2. Während das Chili kocht, den Blumenkohlreis zubereiten.
3. Chili nach 25 Minuten abschmecken und indi-viduell mit Kräutern, Chili oder anderen Gewürzen nachwürzen.
4. Auf dem Blumen-kohlreis anrichten. Nach Belieben mit Guacamole servieren.

GEFÜLLTE KARTOFFEL

Dieses nährstoffreiche Rezept benötigt 40–60 Minuten Backzeit und lässt sich optisch und geschmacklich beliebig erweitern. Als Füllung eignen sich jegliche Reste (siehe Kasten).

* 1 Dose eingelegter Thunfisch
* Sardinen und frischer Ketchup (siehe S. 220)
* Makrele mit gebratenen Champignons
* Eier mit Mayonnaise (siehe S. 221)
* Chili (siehe S. 160) und saure Sahne

Italienische Fleischklösschen

Ein Klassiker, für den wir die Nudeln gegen nährstoffreiche Zucchini-Spaghetti ausgetauscht haben. Da isst die ganze Familie gerne mit! Sie brauchen einen Julienne-Hobel oder eine entsprechende Reibe.

Für die Fleischklößchen:
1 Ei
450 g Rinderhackfleisch
2 EL frischer Rosmarin, fein gehackt
1 EL Oregano, gehäuft
Salz und Pfeffer zum Abschmecken
1 EL Gheebutter oder Butter

Für die Sauce:
1 EL Gheebutter oder Butter
1 große weiße Zwiebel, geschält und gehackt
6 braune Champignons, gehackt
4 Knoblauchzehen, geschält und fein gehackt
10–20 Blätter frisches Basilikum, fein gehackt
2 Dosen gewürfelte Tomaten (je 420 g)
1 TL Chilipulver (auf Wunsch)

Für die Spaghetti:
1 TL Butter oder Ghee
3 Zucchini (Gemüsespaghetti, siehe S. 206)

Zubereitungszeit: 10 Minuten
Garzeit: 20–25 Minuten
Portionen: 4

1. In einer Schüssel das Ei verquirlen. Hackfleisch, Rosmarin, Oregano, Salz und Pfeffer hinzufügen, mit den Händen durchkneten und zu Klößchen von 5 cm Durchmesser formen.

2. In einer Pfanne 1 EL Butter zerlassen, Fleischklößchen bei mittlerer Hitze garen. Hin und wieder wenden, damit das Fleisch von allen Seiten bräunt.

3. In der Zwischenzeit die Sauce zubereiten. Hierfür in einer zweiten Pfanne wiederum 1 EL Butter zerlassen. Zwiebelwürfel, Pilze, Knoblauch und Basilikum hinzufügen und garen.

4. Tomaten und Chili unterrühren, Sauce zum Sieden bringen. Fleischbällchen noch 5 Minuten mitgaren.

5. Für die Spaghetti etwas Butter in einem Topf zerlassen und die gehobelten Zucchini hineingeben. Unter Rühren garen.

6. Spaghetti mit Sauce und Fleischklößchen anrichten.

Blitzkebab

Diese Spieße sind blitzschnell fertig, und das Rezept erinnert uns an die wunderbaren Lammgerichte, die wir im Urlaub auf der griechischen Insel Santorin genießen durften. Direkt aus dem Ofen schmecken die Spieße phantastisch, doch dank ihres Aromas kann man sie auch noch am Folgetag kalt essen.

3 EL Olivenöl
2 Knoblauchzehen, geschält und fein gehackt
1 EL Paprikapulver, geräuchert
1 TL gemahlener Kreuzkümmel
Salz und Pfeffer zum Abschmecken
450 g Lammfleisch, daumendick gewürfelt
6 bis 8 frische Rosmarinzweige oder Kebabspieße
1 rote Paprika, in daumenbreiten Stücken
1 rote Zwiebel, geschält und geviertelt

Zubereitungszeit: 10 Minuten
Garzeit: 10 Minuten
Portionen: 2

1. Grill auf der mittleren Stufe vorheizen.
2. Olivenöl, Knoblauch und Gewürze zu einer Marinade verrühren. Lammfleisch gründlich darin wenden.
3. Die unteren Nadeln der Rosmarinzweige abzupfen. Lammfleisch, Paprika und Zwiebel im Wechsel auf die Zweige schieben. (Vom dickeren Ende der Zweige aus geht es deutlich leichter.)
4. Spieße 10 Minuten grillen, dabei regelmäßig wenden.

Als Beilage gibt es
einen großen gemischten Salat.

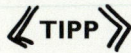
TIPP

Das Lamm am besten schon am Vortag einlegen. Mit Rosmarinzweigen anstelle von Grillspießen bekommt das Gericht noch mehr mediterranes Aroma.

Baconleber

Vielleicht schmeckt Leber Ihnen ja in dieser Form? Hier ist sie mit
Frühstücksspeck und gekochten Zwiebeln kombiniert, dazu gibt es
Tomaten.

1 EL Butter oder Gheebutter
½ Zwiebel, geschält und in feinen Ringen
2 Scheiben Frühstücksspeck
  (Bacon)
2 Tomaten, in Scheiben
3–4 Scheiben Lammleber
  (oder vom Kalb)
Salz und Pfeffer zum Abschmecken

Zubereitungszeit: 5 Minuten
Garzeit: 6–8 Minuten
Portionen: 1

1. Butter oder Gheebutter in einer Pfanne zerlassen, Zwiebelringe
und Speck bei leichter bis mittlerer Hitze unter häufigem Wenden
anbraten. Sobald der Bacon knusprig ist, Tomatenscheiben in die Pfanne
geben.
2. Ein paar Minuten später die Leber hinzufügen und von beiden Seiten
einige Minuten garen. Leber schmeckt am besten, wenn sie außen appetitlich gebräunt ist, innen aber noch rosa und saftig.

Gefüllte Paprika

Ein vegetarischer Klassiker wird hier mit etwas Fleisch aufgepeppt.

1 EL Kokosöl
2 Knoblauchzehen, geschält und fein gehackt
1 rote Zwiebel, geschält und gehackt
1 Blumenkohl, geraspelt
9 glutenfreie Würste, gewürfelt
3 EL Tomatenmark
10–20 Blätter frisches Basilikum, fein gehackt
1 TL Oregano
Salz und Pfeffer zum Abschmecken
6 Gemüsepaprika, ohne Stängelansätze, Kerne und
  Scheidewände

- - - - - - - -

Zubereitungszeit: 10 Minuten
Garzeit: 45 Minuten
Portionen: 4–6

- - - - - - - -

1. Ofen auf 175 °C vorheizen.
2. Kokosöl in einer Pfanne zerlassen und Knoblauch dazugeben. Zwiebel und Blumenkohl hinzufügen und 5 Minuten anbraten. Würste mitanbraten und vermengen.
3. Tomatenmark, Kräuter und Gewürze hinzufügen. Weitergaren, bis die Würste gar sind und die Zwiebeln weich.
4. Ausgehöhlte Paprikas füllen. 30 Minuten im Ofen backen.

≪ TIPP ≫

Wer Milchprodukte isst, kann der Füllung vor dem Backen ein wenig Ziegenkäse beimischen.

MUSCHELVARIATIONEN

Muscheln sollten an dem Tag verzehrt werden, an dem man sie gekauft hat – Frische hat oberstes Gebot!

MARINARA-MUSCHELN

900 g frische Miesmuscheln
375 ml Tomatensauce (siehe S. 223 oder gekauft)
2 Knoblauchzehen, geschält und fein gehackt
¼ TL Chilipulver (nach Belieben)
frischer Koriander zum Garnieren

~~~~~~~

Zubereitungszeit: 10 Minuten
Garzeit: 5–10 Minuten
Portionen: 2

~~~~~~~

1. Muscheln zuerst in kaltem Wasser waschen und die »Bärte«
(das zähe Haarbüschel an der Schale) entfernen.
2. Geputzte Muscheln in einen großen Topf geben und Tomatensauce,
Knoblauch und Chilipulver dazugeben.
3. Deckel aufsetzen und bei mittlerer Hitze 5–10 Minuten kochen, bis jede
Muschel sich geöffnet hat. Muscheln, die sich nicht öffnen, herausnehmen
und wegwerfen.
4. Mit Koriander bestreuen und gleich verzehren.

THAIMUSCHELN

900 g frische Miesmuscheln
400 ml Bio-Kokosmilch
 (Dose)
1 Knoblauchzehe, geschält
 und zerdrückt oder fein
 gehackt

2 Kaffir-Limettenblätter
 (aus dem Asiamarkt)
1 Stängel Zitronengras
¼ TL Chilipulver
frischer Koriander zum
 Garnieren

Zubereitungszeit: 10 Minuten
Garzeit: 5–10 Minuten
Portionen: 2

1. Muscheln zuerst in kaltem Wasser waschen und die »Bärte«
(zähes Haarbüschel an der Schale) entfernen.
2. Geputzte Muscheln in einen großen Topf geben und Kokosmilch,
Knoblauch, Limettenblätter, Zitronengras und Chilipulver hinzugeben.
3. Deckel aufsetzen und bei mittlerer Hitze 5–10 Minuten kochen, bis jede
Muschel sich geöffnet hat. Muscheln, die sich nicht öffnen, herausnehmen
und wegwerfen.
4. Mit Koriander bestreuen und gleich verzehren.

Paleo
für Leib
und Seele

MEDITERRANER GEMÜSEAUFLAUF

Dieses Gemüse passt zu jedem Fleisch- und Fischgericht oder solo als vegetarische Mahlzeit.

4 EL Olivenöl
5 Knoblauchzehen, geschält
  und fein gehackt
1 kleine Aubergine, in Streifen
1 Süßkartoffel, in Streifen
2 weiße Zwiebeln, geschält
  und in dünnen Ringen
1 rote Paprika, in dünnen
  Streifen
1 gelbe Paprika, in dünnen
  Streifen
Salz und Pfeffer zum
  Abschmecken

2 EL gemischte Kräuter
2 EL Petersilie
2 Tomaten, in Scheiben
100 g Ziegenkäse (oder Feta,
  nach Belieben)
2 Zucchini, in Scheiben

Zubereitungszeit: 15 Minuten
Garzeit: 40–45 Minuten
Portionen: 6

1. Ofen auf 175 °C vorheizen.
2. Zwei Esslöffel Olivenöl in einer Pfanne erhitzen und den zerdrückten Knoblauch hineingeben. Eine Minute anbraten, dann Aubergine, Süßkartoffel, Zwiebelringe und Paprika hinzugeben.
3. Weiterbraten, salzen, pfeffern und die Hälfte der Kräuter und die Hälfte der Petersilie hinzufügen.
4. Angeschwitztes Gemüse in eine Backform geben. Mit Tomatenscheiben, Ziegenkäse und Zucchini bedecken, restliche Kräuter und Petersilie daraufstreuen und mit zwei Esslöffeln Olivenöl beträufeln.
5. 40–45 Minuten backen und heiß servieren.

Shepherd's Pie

Kaum etwas schmeckt an einem kalten Abend derart gut wie ein herzhafter Fleischeintopf mit Kräutern, Gemüse und köstlicher Püreekruste.

1 EL Macadamiaöl, Gheebutter oder Butter

450 g Rinder- oder Lammhackfleisch

2 große weiße Zwiebeln, geschält und gehackt

2 mittelgroße Karotten, geschält und in Scheiben

3 Knoblauchzehen, geschält und fein gehackt

1 EL frischer Rosmarin, gehackt

1 EL frischer Thymian, gehackt

2 TL Paprikapulver, geräuchert

Salz und Pfeffer zum Abschmecken

2 EL Tomatenmark

Zum Abdecken:
Blumenkohlpüree (siehe S. 201, doppelte Menge)

Zubereitungszeit: 15 Minuten
Garzeit: 35–45 Minuten
Portionen: 6

1. Ofen auf 175 °C vorheizen.

2. Fett in einer Pfanne erhitzen und Hackfleisch, Zwiebeln, Karotten und Knoblauch darin anbräunen.

3. Kräuter, Gewürze und das Tomatenmark unterrühren. 5 Minuten durchgaren.

4. In der Zwischenzeit das Blumenkohlpüree herstellen – in doppelter Menge.

5. Fleischmischung in eine Auflaufform (20 × 30 cm) füllen, fingerdick mit Blumenkohlpüree bestreichen. 30–40 Minuten im Ofen backen.

 **TIPP**

Saucenliebhaber geben vor dem Abdecken einen Viertelliter Fleischbrühe über das Gericht.

Moussaka für echte Kerle

Trotz des Namens schmeckt und bekommt dieses Gericht natürlich auch der Damenwelt. Die Frage lautet: »Wie viel schaffst du?«

6 Scheiben Frühstücksspeck (Bacon),
in Streifen
900 g Rinder- oder Lammhackfleisch
3 mittelgroße rote Zwiebeln,
geschält und in Ringen
4 Knoblauchzehen, geschält und fein gehackt
4 TL Paprikapulver, geräuchert
1–2 TL Cayennepfeffer
4 TL Oregano
2 EL gemischte Kräuter
3 EL Tomatenmark, gehäuft
12 Eier
Salz und Pfeffer zum Abschmecken
Butter für die Form
5 kleine Süßkartoffeln,
in Scheiben (ca. 1 cm)

Zubereitungszeit:
15 Minuten
Garzeit: 75 Minuten
Portionen: 8

1. Ofen auf 175 °C vorheizen.
2. Speck in einer Pfanne bei mittlerer Hitze leicht anbraten, dann herausnehmen und beiseitestellen.
3. Hackfleisch, Zwiebel und Knoblauch in der Pfanne anbraten. Gewürze,
Kräuter und Tomatenmark hinzugeben. 10 Minuten weiterbraten und dabei
gelegentlich umrühren, bis Fleisch und Zwiebeln gar sind.
4. In der Zwischenzeit die Eier aufschlagen. In einer Schüssel kräftig
verquirlen. Salzen, pfeffern und beiseitestellen.
5. Boden und Seiten einer Backform (20 × 30 cm) fetten. Mehrere Lagen in
der folgenden Reihenfolge aufschichten:
✳ Süßkartoffelscheiben
✳ Baconstreifen
✳ Hackfleischmasse
Wiederholen, bis alle Zutaten verbraucht sind, dann gleichmäßig mit der
Eimasse übergießen. Im Ofen eine Stunde backen.

Very british

Bratwürste mit Kartoffelbrei zählt vermutlich zu den beliebtesten britischen Gerichten überhaupt. Für den Brei können Sie zwischen Blumenkohl, Pastinaken oder Süßkartoffeln wählen. Sie brauchen dafür einen Dampfgarer (oder ein Dampfgareinsatz).

2½ EL Butter oder Gheebutter
4 glutenfreie Bratwürste
2 mittelgroße Süßkartoffeln, gewürfelt
Salz und Pfeffer zum Abschmecken

Zubereitungszeit:
10 Minuten
Garzeit: 15 Minuten
Portionen: 2

1. Einen halben Esslöffel Butter auf mittlerer Stufe in einem Topf zerlassen. Würste darin etwa 15 Minuten braten, gelegentlich wenden.
2. In der Zwischenzeit die Süßkartoffeln 10–15 Minuten im Dampfgarer weich kochen.
3. Nach dem Garen Kartoffelstücke und restliche Butter mit einer Gabel oder einem Kartoffelstampfer zu Brei verarbeiten. Nach Belieben mit Salz und Pfeffer würzen.
4. Würste auf dem Süßkartoffelbrei anrichten. Als Sauce eignet sich das Bratfett.

Als Beilage gibt es
Wirsing, in Butter geschmort (siehe S. 210).

Schottische Eier

Seit Generationen eine Spezialität in Matts Familie. Einfach genial!

14 Eier
12 glutenfreie,
   ungebrühte Schweinswürste
3 EL gemischte Kräuter
Salz und Pfeffer zum Abschmecken
125 g gemahlene Mandeln

Zubereitungszeit:
15 Minuten
Garzeit: 40 Minuten
Portionen:
Für 12 Schottische Eier

1. Ofen auf 175 °C vorheizen.

2. 12 Eier 5–7 Minuten hart kochen, dann abgießen und pellen.

3. Rohes Wurstbrät in einer Schüssel mit Kräutern, Salz und Pfeffer gut vermengen.

4. Die restlichen 2 Eier verquirlen.

6. Jedes hart gekochte Ei mit dem Wurstbrät etwa 1 cm dick umhüllen, das ist circa eine Wurst pro Ei.

7. Die Wursteier erst in den verquirlten Eiern, dann in den gemahlenen Mandeln wälzen, das macht eine knusprige Kruste. Auf einem Backblech 30 Minuten backen.

CREMIGE BLUMENKOHL-FLEISCH-TAJINE

Dieses Gericht ist phänomenal lecker. Der Blumenkohl zerfällt zu einer cremigen Sauce für das Rindfleisch. Die angegebenen Mengen sind so bemessen, dass Sie die Reste einfrieren und später für ein schnelles Abendessen aufwärmen können. Gelingt perfekt im Schmortopf! Wenn Sie eine marokkanische Tajine haben, umso besser!

900 g Rindergulasch vom Weiderind
1 rote Zwiebel, geschält und gehackt
1 bis 2 EL frischer Koriander, gehackt
1½ TL Paprikapulver, scharf
¼ TL Ingwerpulver
¼ TL Kurkuma
1 TL Salz
2 Blumenkohle, ohne Stängel, in großen Röschen
frischer Koriander zum Garnieren

Zubereitungszeit: 10 Minuten
Garzeit: 90 Minuten
Portionen: 6–8

1. Fleisch, Zwiebel, Gewürze und Salz in einen Schmortopf oder eine Tajine geben und mit Wasser bedecken.
2. Zum Kochen bringen und etwa 60 Minuten auf kleiner Stufe garen, bis das Fleisch zart ist.
3. Blumenkohl etwa 30 Minuten mitkochen, bis er vollständig zerfällt und eine dickliche Sauce entsteht.
4. In einer großen Schüssel anrichten und mit frischem Koriander bestreuen.

CHICKEN VINDALOO

Wir Briten lieben unser Curry am Freitagabend. Zum Glück ein ziemlich gesunder Spleen!

6–8 Hähnchenschenkel
2 Knoblauchzehen, geschält
 und fein gehackt
1 Zwiebel, geschält und in
 Ringen
1 EL Currypulver
1 TL Kreuzkümmel
1 TL Kurkuma
1 TL schwarzer Pfeffer
1 EL gemahlener Koriander
 (auf Wunsch)
1 TL Chilipulver (auf Wunsch)
200 ml Apfelweinessig
1 Prise Salz

Als Beilage gibt es
Blumenkohlreis (siehe S. 200).

Zubereitungszeit: 5 Minuten
Garzeit: 40 Minuten
Portionen: 2

1. Alle Zutaten in einen großen Topf geben und mit Wasser bedecken.
2. Zum Kochen bringen und etwa 40 Minuten auf kleiner Stufe garen, bis das Fleisch schön zart ist und die Flüssigkeit eindickt.

《 TIPP 》

Verwenden Sie gleich ein ganzes Huhn. Sobald das Fleisch zart ist, nehmen Sie es aus dem Topf, lösen das Fleisch von den Knochen und tun es wieder zurück in den Topf.

ESTRAGONHUHN MIT KASTANIENAUFLAUF

Eine wirklich einfache Methode, um ein Brathähnchen aufzupeppen. Frischer Estragon passt sehr gut zu Geflügel. Wir verwenden ihn reichlich, ob unter der Haut, in der Füllung oder für die Sauce.

Für das Huhn:
- **1 ganzes Huhn aus Freilandhaltung**
- **1 großes Bund frischer Estragon, gehackt**
- **3–4 Knoblauchzehen, geschält und fein gehackt**
- **1 Bio-Zitrone**
- **2–3 ganze Knoblauchzehen**
- **Salz und Pfeffer zum Abschmecken**

Für den Kastanienauflauf:
- **450 g Schweinehackfleisch**
- **1 rote Zwiebel, geschält und fein gehackt**
- **250 g geschälte, geröstete Maronen, gehackt**
- **1 Ei**
- **1 EL gemischte Kräuter**
- **Salz und Pfeffer zum Abschmecken**

Zubereitungszeit: 10 Minuten
Garzeit: 90 Minuten
Portionen: 4

1. Ofen auf 175 °C vorheizen.

2. Huhn an Brust und Schenkel anstechen, Estragon und Knoblauch unter die Haut schieben.

3. Löcher in die Zitrone piken (unbedingt eine Bio-Zitrone verwenden!) und die Frucht mit dem Rest des frischen Estragons in das Huhn schieben.

4. Ganze Knoblauchzehen zerquetschen und zur Zitrone und dem Estragon in das Huhn schieben.

5. Huhn auf der unteren Ofenschiene etwa 90 Minuten garen (die Garzeit kann je nach Gewicht abweichen).

6. Nach der Hälfte der Backzeit aus dem Ofen holen und mit dem Bratensaft übergießen.

7. Das Kürbispüree zubereiten.

8. Das Hackfleisch mit Zwiebel und Maronen, Ei, Kräutern sowie Salz und Pfeffer verkneten.

9. Masse in eine ofenfeste Form füllen. Wenn das Huhn noch etwa 30 Minuten Backzeit hat, den Kastanienauflauf in den Ofen schieben und so lange backen, bis die Oberfläche knusprig wird.

10. Huhn aus dem Ofen nehmen und abgedeckt 10–15 Minuten ruhen lassen. Den Bratensaft als Sauce aufheben!

11. Das Huhn aufschneiden und mit je einer großen Portion Maronenauflauf und reichlich Kürbispüree servieren. Wer Sauce möchte, gibt einige Löffel Bratensaft darüber.

Als Beilage gibt es
Kürbispüree (siehe S. 203).

Zitronenhuhn mit Oliven

Dieses erfrischend würzige marokkanische Gericht hat bis jetzt jeden überzeugt.

1 ganzes Huhn aus Freiland-
haltung
2 eingelegte Zitronen
(siehe S. 224, in Scheiben,
ohne Kerne)
2 Zwiebeln, geschält und
gehackt
je 1 TL Paprika, Zimt, Kreuz-
kümmel und Kurkuma
(oder alternativ 1½ EL
Gewürzmischung Ras el
Hanout)
1–2 TL Ingwerpulver
½ TL Salz
½ TL schwarzer Pfeffer,
gemahlen
8–12 grüne Oliven
Koriander zum Garnieren

Zubereitungszeit: 5 Minuten
Garzeit: 40 Minuten
Portionen: 4–6

1. Alle Zutaten bis auf den Koriander in einen Schmortopf geben und mit Wasser bedecken.
2. Zum Kochen bringen und etwa 40 Minuten auf kleiner Stufe garen. Sobald das Fleisch zart ist, das Huhn aus dem Topf nehmen, Fleisch von den Knochen lösen und wieder zurück in den Topf geben.
3. Der Eintopf schmeckt solo oder aber mit Blumenkohlreis (siehe S. 200). Mit frischem Koriander bestreuen.

Knusprige Hähnchenschenkel

Dieses Gericht kann man gut auf Vorrat kochen. Die Hähnchenschenkel schmecken auch kalt oder als leichtes Mittagessen.

1 EL Olivenöl oder Kokosöl
1 EL Honig
Saft von 1 Limette
1 TL Pimentpfeffer
½ TL gemahlener Zimt
½ TL Kreuzkümmel
1 TL Paprikapulver, geräuchert
1 TL Cayennepfeffer oder
   Chilipulver
1 TL Salz

1 fingerdickes Stück Ingwer,
   geschält und gerieben
2 Knoblauchzehen, geschält
   und fein gehackt (oder 1 TL
   Knoblauchpulver)
12 Hähnchenunterschenkel

Zubereitungszeit: 10 Minuten
Garzeit: 30–35 Minuten
Portionen: 4–5

1. Ofen auf 175 °C vorheizen.
2. Alle Zutaten bis auf die Hühnerschenkel in eine Schüssel geben. Kokosöl vorher schmelzen! Gründlich verrühren, bis die Zutaten eine Paste bilden.
3. Hähnchenschenkel in der Marinade wenden und in eine Backform legen. 30–35 Minuten backen.

≪TIPP≫

Die Hähnchen-schenkel sollen nicht vor Marinade triefen, sonst werden sie nicht knusprig.

Fischstäbchen

Eine köstliche Leckerei für Kinder und alle, die im Herzen noch Kinder sind … und viel besser als industriell hergestellte Fischstäbchen.
Sie brauchen dafür einen Dampfgarer (oder einen Dampfgareinsatz).

**300 g Fischfilet
  (Kabeljau oder Heilbutt)**
1 Ei
1 EL geschälte, gemahlene Mandeln
Salz und Pfeffer zum Abschmecken
½ TL Paprikapulver, geräuchert
½ TL Cayennepfeffer
**1 EL Kokosöl
  (und etwas für die Pfanne)**

Zubereitungszeit:
15–20 Minuten
(Fisch am Vortag garen)
Garzeit: 20–25 Minuten
Portionen: 2

1. Am Vortag den Fisch 10–15 Minuten im Dampfgarer dünsten.
Fisch herausnehmen, zerdrücken und auf ein mit Backpapier ausgelegtes
Backblech legen, das in den Gefrierschrank passt. (Im Idealfall ist die Form
rechteckig und etwa 2,5 cm hoch.) Abdecken und über Nacht tiefgefrieren.
2. Ofen auf 175 °C vorheizen.
3. Ei in einer Schüssel verquirlen. In einer zweiten Schüssel die gemahlenen
Mandeln mit den Gewürzen zu einer Panade vermischen. Eine Backform
mit etwas Öl fetten.
4. Kokosöl auf niedriger Stufe in einer Pfanne zerlassen. In der Zwischenzeit
den Fisch aus dem Gefrierschrank nehmen und mit einem scharfen Messer
in Fischstäbchengröße zerteilen.
5. Jedes Stück in Ei und Mandelpanade wälzen. Fischstäbchen in der Pfanne
von jeder Seite 2–3 Minuten knusprig anbraten.
6. Auf das vorbereitete Backblech legen und noch 10–15 Minuten backen,
bis die Kruste appetitlich goldbraun ist.

Als Beilage gibt es
selbst gemachtes Ketchup (siehe S. 220).

FISH & CHIPS

Ohne diesen Klassiker wäre unsere Sammlung nicht vollständig!

Für die Chips:
2 Süßkartoffeln,
  in Stäbchen geschnitten
1 EL Gheebutter oder Butter,
  zerlassen
Salz und Pfeffer
  zum Abschmecken

Für den Fisch:
1 Ei
1 EL geschälte,
  gemahlene Mandeln
Salz und Pfeffer
  zum Abschmecken
1 EL Kokosöl
2 Heilbuttfilets à 150 g

Für das Erbsenpüree:
160 g Tiefkühlerbsen
1 EL Gheebutter oder Butter

~~~~~~

Zubereitungszeit: 15 Minuten
Garzeit: 20–25 Minuten
Portionen: 2

~~~~~~

1. Ofen auf 175 °C vorheizen.

2. Süßkartoffelstäbchen auf einem Backblech ausbreiten, mit einem Esslöffel zerlassener Butter beträufeln, salzen, pfeffern und in den Ofen schieben.

3. Ei in einer Schüssel verquirlen und beiseitestellen. Die gemahlenen Mandeln in eine separate Schüssel geben, salzen, pfeffern und durch-mischen.

4. Kokosöl auf niedriger Stufe in einer Pfanne zerlassen. In der Zwischenzeit die Fischfilets erst in Ei, dann in der Mandelpanade wenden.

5. Panierten Fisch in der Pfanne in 2–3 Minuten pro Seite goldbraun und knusprig braten. Filets auf ein mit Kokosöl gefettetes Backblech legen (damit sie nicht festkleben).

6. 10–15 Minuten backen, währenddessen das Erbsenpüree vorbereiten.

7. Gefrorene Erbsen 5 Minuten im Dampfgarer garen. Erbsen mit der restlichen Butter in eine Schüssel geben und zu einem cremigen Püree verarbeiten. Zum Fisch und den Süßkartoffeln servieren.

ZUCCHINIAUFLAUF MIT ROSMARIN

Mit kaltem Schinken oder Bratenaufschnitt, gerösteten Nüssen, Oliven und einem guten Glas Rotwein wird daraus ein wahres Festmahl.

Kokosöl für die Form
10 Eier
Salz und Pfeffer zum Abschmecken
1 Zucchini
1 EL frischer Rosmarin, gehackt
5 getrocknete Tomaten,
   gehackt (siehe S. 215)

Zubereitungszeit:
10 Minuten
Garzeit: 30 Minuten
Portionen: 4

1. Ofen auf 175 °C vorheizen. Eine Kastenform ölen.
2. Eier in einer Rührschüssel verquirlen. Nach Belieben mit Salz und Pfeffer würzen.
3. Zucchini raspeln und unter die verquirlten Eier ziehen. Rosmarin und Tomaten unterrühren.
4. In die gefettete Form gießen und 30 Minuten backen. Mit einem Messer oder der klassischen Stäbchenprobe prüfen, ob der Auflauf fertig ist: Das Messer oder Holzstäbchen sollte sich sauber herausziehen lassen.

《TIPP》

Wenn Sie vor dem Backen noch zwei bis drei zerdrückte Knoblauchzehen in den Eierteig geben, erhalten Sie ein gesundes »Knoblauchbrot«.

MARONEN-KUCHEN

Manch einer vermisst bei Paleo irgendwann das Brot. Backen Sie in solchen Fällen mit Kastanienmehl. Dieses Rezept stammt aus der Toskana, wo man sich dazu ein Gläschen Dessertwein gönnt. Uns erinnern die Aromen des Kastanienmehls zusammen mit Rosinen und Pinienkernen an den guten alten britischen Teekuchen, so dass wir den Maronenkuchen am liebsten zu einer Tasse Tee genießen.

250 g Kastanienmehl (Maronenmehl)
1 Prise Salz
3 EL Olivenöl, extra vergine (und etwas zum Beträufeln)
2 EL Rosinen (10 Minuten in warmem Wasser eingeweicht)
2 EL Pinienkerne
1 EL frischer Rosmarin, gehackt

Zubereitungszeit: 10 Minuten
Garzeit: 60 Minuten
Portionen: 5–6

1. Ofen auf 175 °C vorheizen.
2. Mehl und Salz in eine Schüssel sieben und so viel warmes Wasser hinzugeben, dass ein flüssiger Rührteig entsteht (wie Pfannkuchenteig).
3. Drei Esslöffel Olivenöl und die eingeweichten Rosinen hinzufügen (das Einweichen verbessert Süße und Konsistenz; verzichten Sie nicht darauf).
4. Teig durchrühren und in eine mit Backpapier ausgelegte Kuchenform von etwa 27 cm Durchmesser gießen. Mit Pinienkernen und Rosmarin bestreuen und mit etwas Olivenöl beträufeln.
5. Etwa 1 Stunde backen, bis er außen dunkel und knusprig, aber in der Mitte noch feucht ist.
6. Warm zum Tee servieren (am besten zu Grüntee).

Blumenkohlpizza

Pizza in einem Buch über gesunde Ernährung? Klar! Wir machen sie auf die gesunde Art mit unserer Geheimwaffe, geraspeltem Blumenkohl. Damit gelingt ein feiner, getreidefreier Boden. Beim Belag dürfen Sie sich nach Herzenslust austoben. Ob Fisch, Fleisch, hart gekochte Eier, Gemüse oder Oliven, hier ist alles erlaubt. Unsere Version ist mit Käse, denn Pizza ohne Käse nimmt doch keiner ernst.

Für den Boden:
1 mittelgroßer Blumenkohl,
   geraspelt
2 Eier
250 g Büffelmozzarella
Salz und Pfeffer zum
   Abschmecken
½ TL Knoblauchpulver

Für die Sauce:
2 EL Olivenöl
4 mittelgroße Tomaten,
   gehackt
2–3 Knoblauchzehen,
   zerdrückt oder fein gehackt
1 Handvoll frisches Basilikum,
   gehackt
Salz und Pfeffer zum
   Abschmecken

Anregungen für den Belag:
125 g Büffelmozzarella,
   in Scheiben
125 g Ziegenkäse
¼ grüne Paprika, in Streifen
½ rote Paprika, in Streifen
3–4 Pilze, in Streifen
4–5 Scheibchen Peperoni
5 schwarze Oliven,
   in Scheiben (oder grüne,
   je nach Geschmack)

– – – – – – –

Zubereitungszeit:
15–20 Minuten
Garzeit: 45–50 Minuten
Portionen: 4–6

– – – – – – –

1. Ofen auf 175 °C vorheizen.
2. Blumenkohl im Dampfgarer oder mit Dampfgareinsatz in 4–5 Minuten weich dünsten. Etwas abkühlen lassen.
3. Eier verquirlen, Mozzarella fein hacken. Mozzarella, Blumenkohl, Eier und Gewürze auf mittlerer Stufe im Mixer zu einem Teig verarbeiten.
4. Backblech mit Backpapier auslegen; mit Olivenöl bepinseln. Pizzateig auf etwa 1 cm ausrollen und auf das Blech legen.

5. 30–35 Minuten backen, bis die Ränder goldbraun sind.

6. In der Zwischenzeit Sauce und Belag vorbereiten. Dazu etwas Olivenöl in einer Pfanne erhitzen und Tomaten, Knoblauch, Basilikum, Salz und Pfeffer einrühren. Auf kleiner Stufe kochen und gelegentlich umrühren.

7. Pizzaboden aus dem Ofen holen, mit Tomatensauce bestreichen und nach Belieben belegen.

8. Im Ofen 10–15 Minuten backen, bis der Käse geschmolzen ist.

Als Beilage gibt es
einen frischen grünen Salat.

Geschmortes Lamm mit Anchovis

Wie wäre es am Sonntag mit Lammschulter? Wir schmoren die Schulter 3–4 Stunden in Anchovis-Butter. Unbeschreiblich lecker! Sie brauchen hierfür einen Dampfgarer (oder einen Dampfgareinsatz).

Für das Lamm:
1,4 kg Lammschulter
3 EL weiche Butter, Gänsefett oder Schmalz
3–4 Zweige Rosmarin, fein gehackt (nur die Nadeln)
4 Knoblauchzehen, geschält und fein gehackt
Saft von ½ Zitrone
8–10 Anchovisfilets oder 3 TL Anchovispaste
1 EL Senfkörner

Für die Beilagen:
2 Süßkartoffeln, geschält und gewürfelt
1 Brokkoli, in mundgerechten Röschen
1 EL Butter oder Olivenöl
Salz und Pfeffer zum Abschmecken

Zubereitungszeit: 15 Minuten
Garzeit: 4 Stunden
Portionen: 4

1. Ofen auf 150 °C vorheizen.
2. Die Fettschicht des Lamms mit einem scharfen Messer mehrfach kreuzweise flach einschneiden.
3. Butter, Rosmarin, Knoblauch, Zitronensaft, Anchovis und Senfkörner in einer Schüssel verrühren und das Lammfleisch gleichmäßig damit bestreichen.
4. Etwa 4 Stunden im Ofen garen. Falls das Lamm zu schnell kross wird, rechtzeitig mit Alufolie abdecken. Es ist gar, wenn es sich mit zwei Gabeln leicht auseinanderzupfen lässt.
5. Lamm aus dem Ofen und vom Backblech nehmen. Mit Alufolie abdecken, ein Geschirrtuch darüberlegen und ruhen lassen. Den Großteil des Lammfetts abschöpfen (in einem Schraubglas aufbewahren und später zum Kochen verwenden); Bratensaft als Sauce verwenden.

6. Süßkartoffeln in 10–15 Minuten im Dampfgarer garen. Herausnehmen und den Brokkoli hineingeben.

7. Während der Brokkoli gart (etwa 8 Minuten), die Süßkartoffeln mit Olivenöl oder Butter zerdrücken, salzen und pfeffern. Das Lamm aufschneiden und mit Brokkoli und Süßkartoffelpüree servieren.

BEILAGEN

CHILI-KAROTTEN-POMMES

Superlecker als Beilage, schneller Snack oder Vorspeise. Dazu passt
Mayonnaise (siehe S. 221).

½ TL Chilipulver
2–3 Knoblauchzehen, geschält und fein gehackt
2 EL Macamadiaöl, Olivenöl, Butter, Gheebutter oder Gänsefett
6 große Karotten, in pommesgroßen Streifen
Salz und Pfeffer zum Abschmecken

Zubereitungszeit: 10 Minuten
Garzeit: 20–30 Minuten
Portionen: 3–4

1. Ofen auf 160 °C vorheizen.
2. Chili, Knoblauch und Öl in einer Schüssel vermischen. Die Karotten darin
wenden und auf einem Backblech ausbreiten.
3. 20–30 Minuten backen, bis sie die gewünschte Konsistenz haben. Salzen,
pfeffern und servieren.

GEBACKENER SELLERIE

Knollensellerie wird in seiner Vielseitigkeit oftmals unterschätzt. Dabei kann man ihn zum Beispiel kochen und zu Brei zerstampfen oder Suppen und Eintöpfe damit aromatisieren (und mit Mikronährstoffen anreichern!). Dieses Rezept lässt sich auch mit Süßkartoffeln, Pastinaken oder Karotten umsetzen.

2 EL Gänsefett, Kokosöl oder Gheebutter

1 EL frischer Rosmarin, gehackt (oder gemischte Kräuter)

2 Knoblauchzehen, geschält und fein gehackt

1 Knollensellerie, geschält und in pommesgroßen Streifen

Zubereitungszeit: 10 Minuten
Garzeit: 60 Minuten
Portionen: 3–4

1. Ofen auf 160 °C vorheizen.

2. Fett zerlassen, Rosmarin und Knoblauch dazugeben.

3. Ein großes Backblech fetten oder mit Backpapier auslegen.

4. Gemüse im Knoblauchfett wenden und auf das Blech legen.

5. In den Ofen schieben und etwa 1 Stunde garen. Nach 30 Minuten wenden und noch einmal mit Fett überziehen. Sobald die Stäbchen knusprig sind, abkühlen lassen und genießen.

Dazu passt
Estragonhuhn mit Kastanienauflauf (siehe S. 182).

BLUMENKOHLREIS

Weder Reis noch Couscous können sich mit dieser Nährstoffbombe messen. Nehmen Sie Blumenkohl statt Reis! Keiner merkt den Unterschied.

I EL Butter, Gheebutter oder Olivenöl
I großer Blumenkohl, geraspelt
I Schuss Sahne
Schnittlauch, gehackt (nach Belieben)
Salz und Pfeffer zum Abschmecken

Zubereitungszeit:
5 Minuten
Garzeit: 5 Minuten
Portionen: 4

1. Butter in einem Topf auf kleiner Stufe erhitzen.
2. Blumenkohl, Sahne und Schnittlauch zufügen und anbraten. Ständig rühren, damit der Blumenkohl nicht anbrennt. Mit Salz und Pfeffer würzen.
3. Nach fünf Minuten die Konsistenz prüfen. Wenn der Kohl weich genug ist, sofort servieren.

 **TIPP**

Experimentieren Sie mit verschiedenen Kräutern und Gewürzen sowie mit Zwiebeln, Frühlingszwiebeln, Knoblauch oder Pilzen.

Blumenkohlpüree

Dieses cremige Püree mögen auch Leute, die Blumenkohl sonst wenig abgewinnen können. Es eignet sich perfekt als kohlenhydratarmer Belag für die Shepherd's Pie (siehe S. 175). Kreieren Sie mit anderen Kräutern, Zwiebeln, Knoblauch oder Gewürzen Ihr persönliches Lieblingsrezept. Sie brauchen dafür einen Dampfgarer (oder einen Dampfgareinsatz).

1 großer Blumenkohl, geraspelt
1 EL Butter, Gheebutter
   oder Olivenöl
1–2 EL Schlagsahne
Salz und Pfeffer
   zum Abschmecken

Zubereitungszeit:
10 Minuten
Garzeit: 5 Minuten
Portionen: 4–6

1. Blumenkohl in 4–5 Minuten im Dampfgarer weich dünsten.
2. In eine große Schüssel geben und Fett, Sahne, Salz und Pfeffer hinzufügen. Zerdrücken, bis sich ein weiches, cremiges Püree ergibt.

Süßkartoffelpüree mit Chorizo

Dieses Püree aus Süßkartoffeln, gesundem Grünkohl und würziger Chorizowurst ist eine perfekte Beilage. Sie brauchen dafür einen Dampfgarer (oder Dampfgareinsatz).

2 Süßkartoffeln, gewürfelt
3 Blätter Grünkohl, gehackt
2 kleine Chorizowürste, gewürfelt
1 EL Olivenöl, extra vergine
Salz und Pfeffer zum Abschmecken

Zubereitungszeit: 10 Minuten
Garzeit: 15 Minuten
Portionen: 2

1. Süßkartoffeln im Dampfgarer 10 Minuten garen. Grünkohl hinzufügen und 5 Minuten mitgaren.
2. Chorizowürfel auf kleiner Stufe anbraten.
3. Gemüse aus dem Dampfgarer nehmen. Süßkartoffeln mit Gabel oder Kartoffelstampfer zerdrücken und Olivenöl dazugeben.
4. Gehackten Kohl und Chorizostückchen unterheben. Nach Belieben mit Salz und Pfeffer würzen.

Kürbispüree

Mit dieser Zubereitungsweise ersparen Sie sich das Schälen und Hacken des Kürbisses. Einfach nach dem Backen das weiche Fleisch herausheben und etwas zerdrücken, schon ist es fertig!

**1 Kürbis
(am besten Sorte Butternut),
längs halbiert und entkernt
Salz und Pfeffer**

Zubereitungszeit: 5 Minuten
Garzeit: 25–30 Minuten
Portionen: 6

1. Ofen auf 175 °C vorheizen.
2. Beide Kürbishälften auf ein Backblech legen und 25–30 Minuten backen.
3. Nach dem Garen (das Fleisch sollte so weich sein, dass man leicht ein Messer einstechen kann) mit einer Gabel das Fleisch herauskratzen, in eine Schüssel geben und eventuell etwas zerdrücken. Mit Salz und Pfeffer würzen.

《 TIPP 》

Reste können Sie für Suppen und Eintöpfe verwenden.

SCHNELLE RESTEPFANNE

Dieses herzhafte Gericht schmeckt als Beilage oder als kleine Hauptmahl-
zeit. Idealerweise bekommt es mit Butternutmus oder Süßkartoffeln etwas
mehr Substanz, aber grundsätzlich funktioniert es mit jedem Gemüse.

**Gemüsereste (wie Süßkartoffeln, Brokkoli, Karotten, Zucchini,
Sellerie)**
1 EL Gheebutter oder Kokosöl

Zubereitungszeit:
5 Minuten
Garzeit: 10 Minuten
Portionen: 1–2

1. Gemüsereste grob zerdrücken.
2. Gheebutter auf niedriger Stufe zerlassen, dann das zerdrückte Gemüse
hinzugeben. Rühren, bis alles gut erhitzt ist.

ZIMTKÜRBIS

Eine süße Gemüsebeilage, die auch als Zwischenmahlzeit gute Dienste leistet.

**½ Kürbis (Sorte Butternut),
  gewürfelt**
125 ml Kokosmilch
**1 Knoblauchzehe, geschält und
  fein gehackt**
½ TL gemahlener Zimt
Salz und Pfeffer zum Abschmecken

Zubereitungszeit: 10 Minuten
Garzeit: 35–40 Minuten
Portionen: 2

1. Ofen auf 175 °C vorheizen.
2. Kürbis in eine kleine Backform geben. Kokosmilch darübergießen, mit Knoblauch und Zimt würzen und verrühren.
3. 35–40 Minuten backen.
4. Nach Belieben mit Salz und Pfeffer würzen.

Gemüsespaghetti

Eine gesunde Nudelalternative! Am leichtesten gelingt das Gericht mit einem Julienneschäler und Dampfgarer (oder Dampfgareinsatz).

**Gemüse nach Wahl
(wie Karotten, Zucchini,
Butternutkürbis)**

Zubereitungszeit:
5 Minuten
Garzeit: 15 Minuten

1. Gemüse mit einem Schäler in spaghettiähnliche Streifen schneiden.
2. Streifen entweder im Dampfgarer garen oder in etwas Öl in der Pfanne vorsichtig sautieren, bis sie zart sind.

Gemüsespieße

Ein einfaches Gemüsegericht, das zu Fleisch oder Fisch Mittelmeerflair verströmt.

1 EL Gheebutter, Olivenöl oder Butter
1 EL gemischte Kräuter
Salz und Pfeffer zum Abschmecken
1 rote Paprika, in Stücken
1 gelbe Paprika, in Stücken
1 weiße Zwiebel, geschält und gehackt
2 Zucchini, in Scheiben
6–8 frische Rosmarinzweige oder Kebabspieße

1. Ofen auf 175 °C vorheizen.
2. Fett zerlassen und mit Kräutern, Salz und Pfeffer würzen. Gemüse damit bestreichen.
3. Gemüsestücke auf die Spieße oder die Rosmarinzweige schieben. Wenn Sie Rosmarinzweige verwenden, unbedingt von der dickeren Seite des Zweigs her aufspießen.
4. Spieße auf ein Backblech legen und 20 Minuten backen, dabei gelegentlich wenden.

Zubereitungszeit: 10 Minuten
Garzeit: 20 Minuten
Portionen: 3–4

Zucchini-Fritten

Eine feine Gemüsebeilage zu fast allem, in Minutenschnelle fertig. Mit den großen Zucchinistücken hat man gleich etwas zu beißen.

1 EL Kokosöl
1 Knoblauchzehe,
geschält und fein gehackt
3 große Zucchini,
in dicken Wedges
½ TL Chiliflocken (nach Belieben)
Salz und Pfeffer zum Abschmecken

Zubereitungszeit: 5 Minuten
Garzeit: 5–10 Minuten
Portionen: 2

1. Öl auf niedriger Stufe zerlassen, dann Knoblauch und Zucchini hinzugeben. Mit Chiliflocken bestreuen.
2. Zucchini hin und wieder mit dem Messer einstechen oder ein Stückchen probieren, um den Garungsgrad zu testen.
3. Zum Schluss mit Salz und Pfeffer würzen.

Karotten in Zitrone und Thymian

Karotten werden häufig phantasielos gedünstet. Hier haben wir sie in
Zitronensaft mit Knoblauch und Kräutern zubereitet. Probieren Sie selbst:
Sie werden nie wieder Karotten pur wollen!

**2–4 große Karotten, geschält
und in Streifen**
Saft von ½ Zitrone
**1 Knoblauchzehe, geschält und
fein gehackt**
1 EL frischer Thymian, gehackt
Salz und Pfeffer zum Abschmecken

Zubereitungszeit: 5 Minuten
Garzeit: 25–30 Minuten
Portionen: 2

1. Ofen auf 175 °C vorheizen.
2. Karottenstreifen auf ein Blech mit Backpapier legen. Zitronensaft,
Knoblauch und Thymian über die Karotten geben.
3. 25–30 Minuten im Ofen backen. Nach Belieben mit Salz und Pfeffer
würzen.

WIRSING IN BUTTER

In Butter entfaltet Wirsing sein volles Aroma, und mit Schinken wird das Geschmackserlebnis noch interessanter.

1 EL Butter oder Gheebutter
1 ganzer Wirsingkohl, gehackt
2–3 Scheiben gekochter Schinken
   (oder Speck)
Salz und Pfeffer zum Abschmecken

Zubereitungszeit: 2 Minuten
Garzeit: 8–10 Minuten
Portionen: 4

1. Einen Teelöffel Butter auf niedriger Stufe in einem Topf zerlassen.
2. Den Kohl in den Topf geben, Schinken- oder Speckwürfel hinzufügen.
3. Gut durchrühren und 6–8 Minuten unter Rühren anschwitzen.
Nach Belieben mit Salz und Pfeffer würzen und noch etwas Butter hinzugeben.

SPINAT MIT TOMATEN UND PINIENKERNEN

Sonnengetrocknete Tomaten in Olivenöl und geröstete Pinienkerne machen einen simplen Spinat zur Delikatesse.

1 EL Pinienkerne
3 große Handvoll Spinat
Olivenöl
2–3 getrocknete Tomaten
   (siehe S. 215), gehackt
Salz und Pfeffer zum Abschmecken

Zubereitungszeit:
5 Minuten
Garzeit: 5 Minuten
Portionen: 2

1. Eine beschichtete Pfanne leicht erhitzen. Pinienkerne darin sanft anrösten (kein Fett oder Öl hinzufügen). Die Kerne ständig wenden, damit sie von allen Seiten gleichmäßig braun werden. Sobald sie duften, beiseitestellen.
2. Spinat mit etwas Wasser in die Pfanne geben. 2–3 Minuten immer wieder wenden, bis die Blätter zusammenfallen.
3. Spinat in eine Schüssel geben und mit Olivenöl beträufeln.
4. Mit den getrockneten Tomaten und gerösteten Pinienkernen bestreuen. Nach Belieben mit Salz und Pfeffer würzen.

Für Salate
mit Biss

Bei Salat denken viele Menschen automatisch an einen großen Teller Blätter, also nichts sonderlich Spannendes. Wir behandeln Salate wie jede andere Mahlzeit und reichern sie mit den verschiedensten Geschmacksnoten an. Verleihen Sie Ihrem Salat mehr Biss mit den folgenden Ideen:

GEBACKENE PAPRIKA

Hier gilt: mehr Süße und mediterranes Aroma für Blattsalate!

- **1 rote Paprika, entkernt und geviertelt**
- **1 gelbe Paprika, entkernt und geviertelt**
- **1 grüne Paprika, entkernt und geviertelt**
- **1 EL Olivenöl, extra vergine**

1. Ofen auf 150 °C vorheizen.
2. Paprikas auf ein Blech mit Backpapier legen und im Ofen in 30–40 Minuten weich backen. Mit Olivenöl beträufeln und in den Salat mischen.

 **TIPP**

Wir bereiten reichlich Paprika vorab zu und legen sie mit gutem Olivenöl, einem Teelöffel Kräutern und gehacktem Knoblauch im Schraubglas ein.

Eingelegte getrocknete Tomaten

Getrocknete Tomaten gibt es in jedem Supermarkt, allerdings oft in minderwertigem Öl. Wer selbst einlegt, ist bei der Qualität auf der sicheren Seite.

Bio-Tomaten, getrocknet
Olivenöl, extra vergine
Knoblauch (auf Wunsch)
frische Kräuter
    (Rosmarin, Thymian,
    Basilikum)
    (auf Wunsch)

1. Getrocknete Tomaten über Nacht in gefiltertes Wasser einlegen. Das Wasser abgießen und die aufgequollenen Tomaten in ein Schraubglas geben.
2. Mit hochwertigem Olivenöl (extra vergine) aufgießen. Zum Würzen können Sie Knoblauch oder frische Kräuter hinzufügen. Im Kühlschrank aufheben.

Croûtons aus Wurzelgemüse

Mit diesen Croûtons schenken Sie Ihrem Salat Pep und wichtige Antioxidantien. Wir greifen dafür gern zu Knollensellerie, Pastinaken oder Süßkartoffeln.

2 EL Gänsefett, Kokosöl oder Gheebutter
I EL frische oder getrocknete Kräuter (Rosmarin, Thymian oder Kräuter der Provence)
2 Knoblauchzehen, geschält und zerdrückt
Wurzelgemüse (Süßkartoffeln, Sellerie, Pastinaken, Karotten), geschält und klein gewürfelt

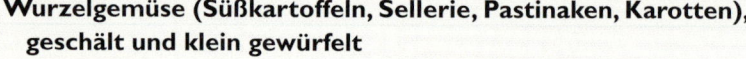

Zubereitungszeit: 10 Minuten
Garzeit: 60 Minuten

I. Ofen auf 150 °C vorheizen.
2. Fett zerlassen (zum Beispiel in einer feuerfesten Form im Ofen, während dieser aufheizt). Kräuter und zerdrückten Knoblauch in das zerlassene Fett rühren.
3. Backblech fetten oder mit Backpapier auslegen. Gemüsewürfel auf dem Blech verteilen und mit dem Kräuteröl vermengen.
4. In den Ofen schieben. Nach 30 Minuten wenden und dabei noch einmal mit Fett überziehen. Sobald das Gemüse knusprig genug ist (bei schwacher Hitze dauert das normalerweise etwa eine Stunde), aus dem Ofen nehmen und abkühlen lassen.

Geröstete Walnüsse

Nüsse sind am gesündesten, wenn man sie mit einer Prise Salz über Nacht in Wasser einweicht und dann bei schwacher Hitze (35–40 °C) 3–4 Stunden im Ofen röstet. Dabei zerfallen viele Stoffe, welche die Verdauung reizen, und zugleich werden die Nüsse aromatischer und knackiger. Für den Salat ist das perfekt! Die abgekühlten Nüsse im luftdicht verschlossenen Glas aufbewahren.

Zum Dippen und Würzen

Ketchup

Wir lieben Ketchup, doch wegen des hohen Zucker-gehalts kaufen wir es nicht, sondern stellen eine zucker-freie Variante selbst her. Nachdem wir zahllose Paleo-Ketchup-Rezepte probiert haben, ist dieses hier von Sébastien Noël (PaleoDietLifestyle.com) unser absoluter Favorit!

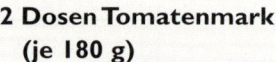

Ich will Ketchup!

2 Dosen Tomatenmark (je 180 g)
2 EL Apfelessig oder Zitronensaft
¼ TL Senfpulver
¼ TL gemahlener Zimt
¼ TL Salz
1 Prise gemahlene Nelken

1 Prise Pimentpfeffer
1 Prise Cayennepfeffer (auf Wunsch)

Alle Zutaten in einer Schüssel mit 90 ml Wasser gut verrühren. Über Nacht im Kühlschrank durchziehen lassen.

Mayonnaise

Selbst hergestellte Mayonnaise ist ein unglaublich gesundes Dressing für Salate und andere Gerichte. Besonders lecker schmeckt sie zu Chili-Karotten-Pommes (siehe S. 198). Kommerzielle Mayonnaisen beruhen oft auf preisgünstigen, minderwertigen Ölen und enthalten Zusätze und Konservierungsstoffe, damit sie länger haltbar sind. Für eine gute Mayonnaise brauchen Sie einen Viertelliter gutes Öl.

2 Eigelb
3 TL Zitronensaft
¼ l Öl

Ölauswahl:
Wir kombinieren am liebsten Macadamiaöl und Avocadoöl im Verhältnis 3:1. Experimentieren Sie ruhig selbst mit den folgenden Ölen:

* Olivenöl
* Avocadoöl
* Macadamiaöl
* Kokosöl (vor Gebrauch schmelzen)

1. Eigelbe im Mixer mit Zitronensaft verrühren.
2. Ganz langsam (!) das Öl hinzufügen. Anfangs wirklich nur Tropfen für Tropfen, damit es eine dicke, mayonnaiseartige Emulsion wird. Wenn Sie das Öl zu schnell einlaufen lassen, emulgiert die Masse nicht und ist nicht mehr zu retten!
3. Wenn das gesamte Öl verarbeitet ist, mixen Sie noch weiter und schmecken immer wieder ab, bis Sie mit dem Ergebnis zufrieden sind. Im Schraubglas im Kühlschrank aufbewahren.

Guacamole

Diese Guacamole hält nicht lange, denn sie enthält keinerlei Konservierungsstoffe. Andererseits ist sie blitzschnell fertig, und es bleibt sowieso nur selten etwas übrig.

2 mittelgroße Avocados, halbiert und entsteint
1 Tomate, fein gehackt
½ rote Zwiebel, geschält und fein gehackt
4 EL frischer Koriander, fein gehackt
Salz und Pfeffer zum Abschmecken
Saft von ½ Zitrone oder von 1 Limette

1. Avocadofleisch in eine Schüssel löffeln. Mit der Gabel zu einer Creme zerdrücken.
2. Tomate und Zwiebel unterrühren und abschmecken. Mit Koriander, Gewürzen und Zitronensaft abrunden, bis es perfekt schmeckt.
3. Gleich verzehren oder im Kühlschrank aufbewahren.

Gewürzöle

Würzen Sie Öle mit reichlich frischen oder getrockneten Kräutern und Gewürzen, um alle Geschmacksnoten hervorzuheben und die antioxidativen Eigenschaften optimal zu kombinieren. Frische Kräuter zunächst zerreiben oder zerdrücken, damit die Blätter ihre Öle freisetzen. Mit dem gewünschten Öl in ein Schraubglas füllen, das Glas verschließen und an einem kühlen, dunklen Ort

eine Woche ziehen lassen. Wenn der Geschmack noch nicht ausgeprägt genug ist, länger stehen lassen oder mehr Kräuter hinzufügen. Experimentieren Sie mit verschiedenen Zusammenstellungen! Gut funktioniert das Rezept mit:

❋ Knoblauch und Rosmarin
❋ Basilikum und getrockneten Tomaten
❋ Zitronenschale und Chili
❋ Rosmarin und Thymian

TOMATENSAUCE

2 EL Olivenöl
4 mittelgroße Tomaten, gehackt
2–3 Knoblauchzehen, geschält
und fein gehackt
1 TL Thymian, gehackt
Salz und Pfeffer zum Abschmecken

1. Olivenöl in einer Pfanne erhitzen und Tomaten, Knoblauch, Thymian, Salz und Pfeffer einrühren. Auf kleiner Stufe kochen und gelegentlich umrühren.
2. Sobald die Sauce fertig ist, im Mixer zerkleinern (wegen der Tomatenhäute).

EINGELEGTE ZITRONEN

Diese Form der Zubereitung verleiht marokkanischen Gerichten ihren intensiven Geschmack. Geben Sie dünne Streifen der Zitronen gegen Ende der Bratzeit zu geschmortem Lamm – schmeckt erfrischend! Oder hacken Sie ein Stück Zitrone, eine Schalotte und Petersilie – mit Olivenöl oder Butter gemischt, können Sie Meeresfrüchte oder Huhn damit bestreichen. Die Zitronen passen auch gut zu gebackenem Gemüse und Salaten oder eignen sich mit Oliven als Vorspeise. Dieses Rezept stammt aus Mark's Daily Apple; besten Dank.

6 bis 8 Zitronen
125 g koscheres Salz (ist gröber, weniger salzig)
Olivenöl

Außerdem:
1 großes Einmachglas (1,5 Liter) mit fest schließendem Deckel

1. Glas in kochendem Wasser sterilisieren. Zitronen gut waschen.
2. Einen Esslöffel Salz auf den Boden des Glases streuen.
3. Zitronen vierteln, nicht bis zum Boden durchschneiden. Sie sollen zwar aufklappen, aber noch zusammenhängen.
4. In jede aufgeschnittene Zitrone etwa 1 Esslöffel Salz füllen und fest in das Glas schieben (richtig reinstopfen), dabei jede Lage noch einmal mit Salz bestreuen. Auf Wunsch weitere Gewürze hinzufügen und das Glas zuschrauben.
5. Zitronen geben bereits während des Einlegens Saft ab, in den folgenden

zwei Tagen noch mehr. Sie sollten nach dem zweiten Tag vollständig mit Saft bedeckt sein. Gegebenenfalls frischen Zitronensaft pressen und nachfüllen.

6. Die Zitronen mindestens 2 Wochen, besser 30 Tage bei Zimmertemperatur stehen lassen. Dabei regelmäßig das Glas schütteln, um Salz und Saft zu verteilen. Danach herausnehmen und gründlich waschen, bis alles Salz entfernt ist. Das Fruchtfleisch aus den Vierteln herauslösen.

7. Zitronenschnitze mit Olivenöl bedecken. Im Kühlschrank halten sie mindestens 6 Monate.

《TIPP》

Experimentieren Sie mit den folgenden Gewürzen und Kräutern:
* Nelken
* Lorbeerblätter
* Koriandersamen
* Pfefferkörner
* Zimtstangen
* Fenchelsamen

Zum
Vernaschen

MEDITERRANE CHIPS

Chips aus Wurzelgemüse sind eine gute Alternative zu Kartoffelchips. Selbstgemacht schmecken sie um Welten besser, und Sie können hochwertiges Fett wählen. Sogar die Geschmacksrichtung bestimmen Sie selbst, ob mit Knoblauch, Apfelessig, Salz oder Chili. In diesem Rezept verwenden wir Pastinaken. Ebenso gut geeignet sind Rote Bete, Knollensellerie und Süßkartoffeln.

1 EL Gänse- oder Rinderfett, Kokosöl oder Gheebutter
1 EL frische oder getrocknete Kräuter (Rosmarin, Thymian, Kräutermischungen)
2 Knoblauchzehen, geschält und fein gehackt (nach Belieben)

2–3 Pastinaken, geschält und in dünnen Scheiben

Zubereitungszeit: 10 Minuten
Garzeit: 60 Minuten
Portionen: 4–5

1. Ofen auf 150 °C vorheizen.
2. Fett zerlassen (zum Beispiel während des Vorheizens in einer kleinen, ofenfesten Schüssel).
3. Kräuter und Knoblauch in das zerlassene Fett rühren.
4. Ein Backblech fetten oder mit Backpapier auslegen.
Pastinakenscheiben auf dem Blech ausbreiten und im Kräuteröl wenden.
5. In den Ofen schieben. Nach 30 Minuten wenden und noch einmal mit Fett überziehen.
6. Nach weiteren 30 Minuten aus dem Ofen holen und abkühlen lassen.
Die Chips schmecken frisch am besten.

GRÜNKOHLCHIPS SALT & VINEGAR

Um Längen gesünder als eine Packung Chips aus dem Supermarkt!
Auch hier gilt: Experimentieren Sie mit Knoblauch, Senfpulver und anderen
Gewürzen, bis Sie Ihre Lieblingsmischung gefunden haben.

**6–8 Blätter Grünkohl, gewa-
schen und in Stücken**
2 EL Olivenöl
1 TL Apfelessig
Salz zum Abschmecken

Zubereitungszeit: 10 Minuten
Garzeit: 15 Minuten
Portionen: 4–5

1. Ofen auf 160 °C vorheizen.
2. Kohl in eine Schüssel geben, Olivenöl und Apfelessig darübergeben.
Blätter gründlich im Öl wenden.
3. Backblech mit Backpapier auslegen und die Chips darauf verteilen.
Nach Belieben salzen.
4. 5 Minuten backen, dann wenden, damit alle Stücke gleichmäßig kross
werden. Weitere 6–9 Minuten backen. Regelmäßig kontrollieren, da kleinere
Stücke schneller austrocknen und eventuell eher gerettet werden müssen.

FEURIGE MACADAMIANÜSSE

Macadamianüsse sind nicht nur die leckersten Nüsse überhaupt, sondern sie enthalten auch viele gesunde, einfach gesättigte Fette. Selber zu würzen und zu rösten ist bei Nüssen gesünder, schmeckt besser, und schwierig ist es auch nicht. Bewahren Sie diesen Knabberspaß im Schraubglas auf.

250 g Macadamianüsse
I EL Olivenöl
½ TL Salz
I TL Currypulver
I TL gemahlener
Kreuzkümmel
I TL gemahlener
Koriander
I TL Chilipulver

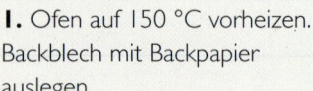
Zubereitungszeit: 2 Minuten
Garzeit: 60 Minuten
Portionen: 8

1. Ofen auf 150 °C vorheizen. Backblech mit Backpapier auslegen.
2. Nüsse mit Olivenöl vermengen. Salz und Gewürze zugeben.
3. Nüsse auf dem Backblech ausbreiten. Auf kleiner Stufe 1 Stunde backen, bis die Nüsse leicht gebräunt sind.

Kinofutter

Unsere Alternative zu Popcorn,
Nachos oder Eis.

**100 g Tafelschokolade
(85 Prozent Kakaoanteil)
100 g getrocknete Mangos
100 g Kokosflocken aus
Bioanbau
200 g Macadamianüsse**

Zubereitungszeit: 5 Minuten
Garzeit: 0 Minuten
Portionen: 4–5

1. Schokolade in Stücke brechen. Mangos mit einer Küchenschere in kleine
Bissen schneiden.
2. Übrige Zutaten dazumischen. In einem Schraubglas aufbewahren und für
den Kinobesuch eine Portion einstecken.

Schokoladen-Macadamias

Schokolierte Haselnüsse und Erdnüsse kennt jeder. Unsere Variante kommt ohne Zuckerkruste aus. Und statt Erdnüssen verwenden wir Omega-3-reiche Macadamianüsse und paaren sie mit den Antioxidantien aus dunkler Schokolade. Das Rösten macht die Nüsse aromatischer und verbessert die Konsistenz.

55 g Macadamianüsse (je größer, desto besser)
100 g Tafelschokolade (85 Prozent Kakaoanteil)

Zubereitungszeit: 10 Minuten
Garzeit: 60 Minuten
Portionen: 4

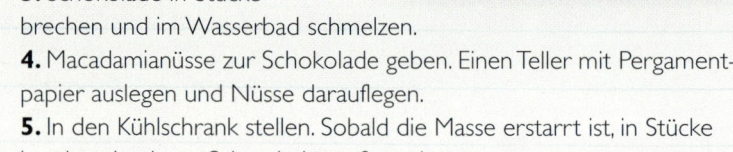

1. Ofen auf 150 °C vorheizen, Backblech mit Backpapier auslegen.
2. Nüsse auf dem Backblech ausbreiten und auf kleiner Stufe 1 Stunde backen, bis sie leicht gebräunt sind.
3. Schokolade in Stücke brechen und im Wasserbad schmelzen.
4. Macadamianüsse zur Schokolade geben. Einen Teller mit Pergamentpapier auslegen und Nüsse darauflegen.
5. In den Kühlschrank stellen. Sobald die Masse erstarrt ist, in Stücke brechen. In einem Schraubglas aufbewahren.

«TIPP»

Am besten schmecken die Nüsse, wenn man sie langsam und trocken im Ofen backt. Diesen Punkt können Sie aber auch überspringen und gleich mit Schritt 3 beginnen.

Geröstete Kokosflocken

50 g Kokosflocken (keine Raspel!)

~~~~~~

Zubereitungszeit: 2 Minuten
Garzeit: 20 Minuten
Portionen: 4

~~~~~~

1. Ofen auf 150 °C vorheizen.
2. Backblech mit Backpapier auslegen. Kokosflocken auf dem Backblech verteilen.
2. 20 Minuten backen, bis die Flocken leicht gebräunt sind. In einem Schraubglas aufbewahren.

Süße Sünden

Warnung
Diese Leckereien sind
zwar gesund, sollten
aber die **große**
Ausnahme bleiben.

BROMBEER-APFEL-STREUSEL

Obst, Beeren und Nüsse sind die perfekte Kombination für einen knusprigen Streuselkuchen als Sonntagsdessert.

4 Äpfel, geachtelt, Kerngehäuse entfernt
250 g frische Brombeeren
100 g gemahlene Mandeln
100 g Kokosflocken
2 EL Butter
1 EL Honig oder 2 TL Kokoszucker (auf Wunsch)

1 EL gemahlener Zimt
100 g Walnüsse, gehackt

Zubereitungszeit: 10 Minuten
Backzeit: 30–40 Minuten
Portionen: 6

1. Ofen auf 175 °C vorheizen.
2. Äpfel und Brombeeren in eine eckige Backform oder ofenfeste Glasschale legen.
3. Mandeln und Kokosflocken mit Butter, Honig und Zimt in eine Schüssel geben. So lange kneten, bis eine krümelige Masse entsteht. Gehackte Walnüsse mit einem Löffel unterrühren.
4. Streusel auf die Früchte streuen. Die Schicht sollte etwa einen halben Finger dick sein. Eventuelle Lücken mit Kokosflocken abdecken.
5. 30–40 Minuten backen, bis die Streuselschicht goldbraun ist und die Früchte weich sind.

Als Beilage gibt es
Schlagsahne (wer mag!).

GEWÜRZBANANEN

Ein Klassiker. Die Bananen werden in Gewürzen und Butter gebacken. Köstlich!

6 Bananen, geschält und in Würfeln
1 TL gemahlener Zimt
1 TL Muskat, gerieben
1 EL Rosinen oder Sultaninen
2 EL Gheebutter oder Butter

Zubereitungszeit: 5 Minuten
Backzeit: 20–30 Minuten
Portionen: 4–5

1. Ofen auf 175 °C vorheizen.
2. Bananenwürfel in eine Backform füllen. Mit den Gewürzen und den Rosinen bestreuen. Butter in Flöckchen obenauf setzen.
3. 20–30 Minuten backen. Nach 30 Minuten einmal wenden, damit die Gewürze und die Früchte sich mit dem Fett vermischen.

Als Beilage gibt es
Schlagsahne (wer mag!).

SCHOKOMANDELKUCHEN

Eine süße Kalorienbombe mit Honig. Die Lust auf Schokolade ist schon nach einem kleinen Stück befriedigt.

100 g Tafelschokolade (70–85 Prozent Kakaoanteil)
2 EL Honig
180 g Butter
100 g gemahlene Mandeln
3 Eier, getrennt

Zubereitungszeit: 15 Minuten
Backzeit: 50–60 Minuten
Portionen: 8–10

1. Ofen auf 175 °C vorheizen.
2. Schokolade, Honig und Butter im Wasserbad schmelzen. Vom Herd nehmen und die Mandeln unterrühren.
3. Eiweiße und Eigelbe getrennt voneinander aufschlagen. Das verrührte Eigelb zur Schokolade geben, dann vorsichtig den geschlagenen Eischnee unterheben. Oder Sie schlagen die Eier in der Küchenmaschine zu einer hellen Masse auf und geben sie dann zu den geschmolzenen Zutaten, gemeinsam mit den Mandeln.
4. In einer runden Kuchenform (20 cm) 50–60 Minuten backen.

 **TIPP**

Der Kuchen ist sehr feucht und schwer. Wer ihn luftiger mag, kann ¼ Teelöffel Natron in den Teig geben.

Schokomaronenkuchen

Das Maronenpüree macht diesen Kuchen sagenhaft saftig, er zergeht auf der Zunge! Ihre Freunde werden glauben, dass Sie sich stundenlang abgemüht haben, dabei dauern die Vorbereitungen nur eine Viertelstunde.

**100 g Tafelschokolade
(70 Prozent Kakaoanteil)
2 EL Honig oder Ahornsirup
240 g Butter (knapp ein
Päckchen)
450 g pürierte Maronen
(Dose)
6 Eier**

Zubereitungszeit: 15 Minuten
Backzeit: 40 Minuten
Portionen: 8–10

1. Ofen auf 175 °C vorheizen.
2. Schokolade, Honig und Butter im Wasserbad schmelzen. Vom Herd nehmen und das Maronenpüree unterrühren.
3. Eier verquirlen und unterheben.
4. In eine Springform von 24 cm Durchmesser gießen und 40 Minuten backen. Nach 30 Minuten ein Messer oder Holzstäbchen in die Mitte stechen. Der Kuchen sollte in der Mitte noch klebrig sein.

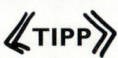
TIPP

Reste in Pergamentpapier gewickelt im Kühlschrank aufbewahren. Kalt schmeckt dieser Kuchen nach Schokoladenkonfekt!

Portugiesischer Mandelkuchen

Mehl ersetzen wir hier durch gemahlene Mandeln und Honig. Das Rezept ist leichter als das Original, weil wir den Kuchen nicht mit Mandelsirup beträufeln, sondern frische Beeren dazu reichen.

6 Eier
100 g gemahlene Mandeln
2 EL Honig
1 TL Mandelextrakt
1 TL Natron

Zubereitungszeit: 10 Minuten
Backzeit: 50–60 Minuten
Portionen: 8–10

1. Ofen auf 175 °C vorheizen.
2. Eier mit dem Mixer auf kleiner Stufe durchschlagen. (Notfalls auch mit dem Rührstab.)
3. Gemahlene Mandeln, Honig, Mandelextrakt und Natron hinzufügen und weiter aufschlagen.
4. In einer runden Kuchenform (24 cm) 50–60 Minuten backen.
Die Oberfläche sollte goldbraun sein, die Mitte noch leicht feucht.
Vor dem Servieren abkühlen lassen.

Als Beilage gibt es
frische Beeren.

Pflaumenkuchen

Dieser fruchtig-saftige Kuchen passt gut zu Kaffee oder Tee.

4 Eier
180 g Butter
2 EL Honig
100 g gemahlene Mandeln
1 TL Vanilleextrakt
1 TL Natron
8–10 Pflaumen, entsteint und
  halbiert

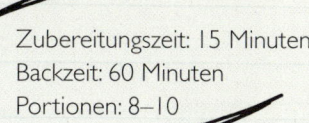

Zubereitungszeit: 15 Minuten
Backzeit: 60 Minuten
Portionen: 8–10

1. Ofen auf 160 °C vorheizen.
2. Eier, Butter und Honig mit dem Mixer (oder Rührbesen) auf kleiner Stufe vermengen.
3. Gemahlene Mandeln, Vanilleextrakt und Natron hinzufügen und weiter aufschlagen. Zuletzt die Pflaumenhälften unterheben.
4. In einer runden Kuchenform (24 cm) 60 Minuten backen. Gegen Ende der Backzeit mit einem Messer prüfen; es sollte sich sauber herausziehen lassen.
5. Kuchen vor dem Servieren etwas abkühlen lassen.

MUM'S MANDEL-BIRNEN-TARTE

Wenig Arbeitszeit, dafür lange im Ofen – und ein Hochgenuss!

Für den Teig:
100 g gemahlene Mandeln
90 g weiche Butter

Für die Füllung:
240 g Butter (knapp ein Päckchen)
4 Eier
2 TL Mandelextrakt
2 EL Honig
100 g gemahlene Mandeln
1 TL Natron
3 Birnen, entkernt, gehackt

Zubereitungszeit: 20 Minuten
Backzeit: 90 Minuten
Portionen: 8–10

1. Ofen auf 160 °C vorheizen.

2. Gemahlene Mandeln und weiche Butter in einer Schüssel vermengen (evtl. mit Küchenmaschine) und zu einer Kugel formen.

3. Teig auf einem Backpapier plattdrücken oder mit dem Nudelholz ausrollen. Die Mischung bröselt, weil sie kein Gluten enthält. Das macht aber nichts, denn dieser Effekt verschwindet beim Backen.

4. Springform (20 cm) mit dem Teig auslegen, etwa 0,5 cm dick.

5. Restliche Butter mit Eiern, Mandelextrakt und Honig mit dem Mixer (Rührbesen) verrühren, bis eine lockere Masse entsteht. Dann gemahlene Mandeln und Natron hinzufügen und weiterrühren.

6. Gehackte Birnen auf den Teig verteilen. Mandelmasse über die Birnen geben.

7. Etwa 90 Minuten backen. Nach einer Stunde den Kuchen prüfen: Wenn die Oberfläche zu schnell bräunt, mit Alufolie abdecken.

8. Nach kurzem Abkühlen noch warm servieren.

Als Beilage gibt es

einen Löffel Crème fraîche (wer mag).

KASTANIENKEKSE

Sie hätten gern etwas Kleines zum Knuspern? Kastanienmehl eignet sich aufgrund seiner natürlichen Süße gut zum Backen. Wir haben sechs Varianten für Sie ausgewählt – experimentieren Sie gerne selbst!

Grundrezept
120 g weiche Butter
250 g Kastanienmehl
   (Maronenmehl)
1 Ei

Varianten:
Mit Ingwer: 2 TL gemahlenen Ingwer hinzugeben.
Mit Datteln und Walnüssen: 5 Datteln und 60 g Walnüsse fein hacken und in den Teig geben.
Mit Aprikosen: 8 ungeschwefelte, getrocknete Aprikosen fein hacken und hinzufügen.
Mit Zimt: 1 TL gemahlenen Zimt hinzufügen.
Weihnachten: 1 TL Lebkuchengewürz und 2 EL Rosinen dazugeben.
Mit Schokostückchen: 60 g dunkle Schokolade fein hacken und untermischen.

Zubereitungszeit: 10 Minuten
Backzeit: 10–12 Minuten
Portionen: 8–10

1. Ofen auf 175 °C vorheizen.
2. Butter und Kastanienmehl mit der Hand oder Küchenmaschine verkneten. Nach Belieben (siehe Varianten) würzen.
3. 1 Ei zum Binden hinzufügen und weiter durchkneten.
4. Teig auf der Arbeitsfläche mit etwas Kastanienmehl mit einem Nudelholz etwa 0,5 cm dick ausrollen.

5. Mit einer Ausstechform oder einem Glas Kekse von 5 cm Durchmesser ausstechen. Die Kekse auf ein mit Backpapier ausgelegtes Blech legen.
6. 10–12 Minuten backen, bis die Ränder goldbraun werden.
7. Kekse abkühlen lassen. Luftdicht verschlossen halten sie sich bis zu einer Woche.

Schoko-Erdbeeren

Eigentlich gar kein Rezept, sondern nur eine Idee, um Erdbeeren im Nu mit noch mehr Antioxidantien aufzupeppen.

100 g Tafelschokolade (85 Prozent Kakaoanteil)
200 g frische Erdbeeren

Zubereitungszeit: 15 Minuten
Kühlzeit: 15 Minuten
Portionen: 10

1. Schokolade in Stücke brechen und im Wasserbad schmelzen. Topf vom Herd nehmen.
2. Teller mit Backpapier auslegen. Erdbeeren in die Schokolade tauchen und rundherum drehen, auf den Teller setzen.
3. Etwa 15 Minuten im Kühlschrank erkalten lassen. Nicht viel länger – wenn sich auf den Erdbeeren Kondenswasser absetzt, leidet die Schokolade. Am besten am gleichen Tag genießen.

Kokos-Cashew-Konfekt

Unbeschreiblich köstlich zum Espresso … Statt Cashewbutter können Sie auch Macadamia-, Haselnuss- oder Mandelbutter verwenden, je nach Geschmack und Verfügbarkeit.

200 g Cashewbutter (aus dem Glas)
6 EL Kokosöl, geschmolzen
1–2 EL Honig
6 EL Kakaopulver
6 EL Kokosraspel, ungeschwefelt

Zubereitungszeit: 10 Minuten
Kühlzeit: 2–3 Stunden
Portionen: 8–10

1. Zutaten in einer Schüssel gut verrühren.
2. Backblech oder gläserne Auflaufform mit Backpapier auslegen. Masse auf das Papier gießen und gleichmäßig etwa 1 cm dick verstreichen.
3. 2–3 Stunden im Kühlschrank fest werden lassen.
4. In Würfel schneiden. Sie können das Konfekt gleich anbieten, im Kühlschrank lagern oder Reste einfrieren.

Anhang

DANKSAGUNG

Ein Riesendank gebührt Mark Sisson und dem gesamten Team, das dieses Buch unter dem Namen *The Paleo Primer* für die amerikanische Leserschaft in eine neue Form gegossen hat. Wir sind begeistert, was Ihr daraus gemacht habt! Die britische Erstausgabe erschien unter dem Titel *Fitter Food: A Lifelong Recipe for Health and Fat Loss*. Wir hatten sie in nur vier Monaten zusammengestellt, und zahllose Menschen haben alles stehen und liegen lassen, damit wir den ehrgeizig gesetzten Termin für die Erstversion einhalten konnten.

Ohne unsere wunderbaren Eltern hätte das nie geklappt. Sie haben uns auf jede erdenkliche Weise unterstützt: Kochen, Kosten, Korrekturlesen und Stöbern nach Rezepten und Zutaten. Deshalb ein GROSSER Dank an Christine Lashmar (die Mutter von Matt), die uns ihre Küche überließ. Herzlichen Glückwunsch auch zu den zehn Kilo, die sie nebenbei durch ihre Paleo-Ernährung abbauen konnte! Ein weiterer GROSSER Dank gebührt Celine Marsden (der Mutter von Keris), die hartnäckig an ihren traditionellen Familienrezepten feilte, bis daraus die gesunden Paleo-Gerichte in diesem Buch wurden.

Ebenso danken wir Thomas Marsden (Keris' Bruder), der uns nicht nur in kulinarischer Hinsicht, sondern auch beim Editieren der Fotos unterstützt hat. Für Katherine Keebles Leistung als schlichtweg BESTE Buchdesignerin der Welt fehlen uns die Worte. Katherine hat rund um die Uhr gearbeitet, um die britische Version dieses Buches druckreif zu bekommen. Sie hat uns in jedweder Hinsicht beraten, von Veröffentlichung, Druck und E-Book bis hin zu Portionsgrößen.

Unsere phantastischen Illustrationen stammen von Mark Goodhead alias Mr Sketchy. Mehr von ihm finden Sie auf CargoCollective.com/mrsketchy. Auch bei dem Ernährungsexperten Calum Gore von *Unique Nutritionists* möchten wir uns bedanken, denn er hat uns die wissenschaftlichen Hintergründe einer funktionierenden Verdauung und die Testverfahren für Lebensmittelunverträglichkeiten erläutert. Weitere Informationen sind auf mrtuk.co.uk zu finden. Außerdem danken wir den Dozenten am *College of Naturo-*

pathic Medicine, ganz besonders Fiona Hyams und Emma Mihill, die einen wirklich für die Naturheilkunde begeistern können.

Bedanken möchten wir uns auch bei all unseren Mitgliedern von *Fitter London*. Ihr Enthusiasmus und ihr Mut inspirieren uns tagtäglich — darum lieben wir unsere Arbeit so sehr.

QUELLEN

[1] The Framingham Study, www.framinghamheartstudy.org/univapp/index.php
(auf Englisch)

[2] I. Schatz, K. Masaki, K. Yano, R. Chen, B. Rodriguez, C. Curb. Cholesterol and
all-cause mortality in elderly people from the Honolulu Heart Program:
a cohort study. The Lancet, Vol. 358 (2001):351–355.

[3] A. Okyama, H. Ueshim, M. Marmot, M. Yamakara, M. Nakamura, Y. Kitay,
Y. Masanobu. Changes in total serum cholesterol and other risk factors
for cardiovascular disease in Japan, 1980–1989. International Journal
of Epidemiology, Vol. 22 (2003):1038–1047.

[4] P. Siri-Tarino, Q. Sun, F. Hu, R. Krauss. Meta-analysis of prospective cohort
studies evaluating the association of saturated fat with cardiovascular
disease. American Journal of Clinical Nutrition, Vol. 91 (2010):535–46.

[5] Einen ausgezeichneten Überblick liefert der Neurobiologe Stephan Guyenet
in seinem Blogbeitrag WholeHealthSource.blogspot.co.uk/2011/01/
does-dietary-saturated-fat-increase.html (auf Englisch)

[6] Die Framingham Studie ergab, dass die Teilnehmer mit einem Cholesterinspiegel unter 140 am ehesten Herzgefäßerkrankungen erlagen, wohingegen
dies bei Teilnehmern mit einem Wert von 240 seltener vorkam.

[7] A. Barclay, P. Petocz, J. McMillan-Price, V. Flood, T. Prvan, P. Mitchell, and
C. Brand-Miller. Glycemic index, glycemic load, and chronic disease risk –
a meta analysis of observational studies. American Journal of Clinical
Nutrition, Vol. 87 (2008):627–37.

[8] J. Hibbeln, L. Nieminen, T. Blasbalg, J. Riggs, and W. Lands. Healthy intakes
of n−3 and n−6 fatty acids: estimations considering worldwide diversity.
American Journal of Clinical Nutrition, Vol. 83 (2006):1483–37.

[9] World Health Organization, www.who.int/chp/chronic_disease_report/
part2_ch11/en/index16.html (auf Englisch)

[10] National Foundation for Celiac Awareness, www.celiaccentral.org/celiac-
disease/facts-and-figures/ (auf Englisch)

[11] M. Sisson. Primal Blueprint. Malibu, California: Primal Nutrition, Inc. 2009

[12] R. Wolf. The Paleo Solution: The Original Human Diet United States.
Las Vegas, Nevada: Victory Belt Publishing, 2010

[13] M. Tordoff, A. Alleva. Oral stimulation with aspartame increases hunger.
Physiological Behavior 47.3 (1990):555–559.

[14] P. Gibson, S. Shepherd. Evidence-based dietary management of functional gastrointestinal symptoms: The FODMAP approach. Journal of Gastroenterology and Hepatology 25.2 (2010):252–258. Siehe auch: S. Proctor, D. Vine, Y. Wang, M. Jacome-Sosa. Beneficial effects of vaccenic acid on postprandial lipid metabolism and dyslipidemia: impact of natural trans-fats to improve CVD risk. Lipid Technology 22.5 (2010):103–106.

[15] C. Wheeler. Dying for a Diet Coke. http://rense.com/general78/dying.htm (auf Englisch)

[16] J. Plant. Your Life in Your Hands: Understanding, Preventing and Overcoming Breast Cancer. London: Virgin Books (2011).

[17] A. Lerner, T. Rossi, B. Park, B. Albini, E. Lebenthal. Serum antibodies to cow's milk proteins in pediatric inflammatory bowel disease. Crohn's disease versus ulcerative colitis. Acta Paediatrica Scandinavica 78.3 (1989): 384–89.

[18] J. Kjeldsen-Kragh, M. Hvatum, M. Haugen, O. Førre, H. Scott. Antibodies against dietary antigens in rheumatoid arthritis patients treated with fasting and a one-year vegetarian diet. Clinical and Experimental Rheumatology 13.2 (1995):167–72.

[19] D. Malosse, H. Perron, A. Sasco, J. Seigneurin. Correlation between milk and dairy product consumption and multiple sclerosis prevalence: a worldwide study. Neuroepidemiology 11.4–6 (1992): 304–12.

[20] C. Larsson, L. Bergkvist, A. Wolk. High-fat dairy food and conjugated linoleic acid intakes in relation to colorectal cancer incidence in the Swedish Mammography Cohort. American Journal of Clinical Nutrition, Vol. 82,4 (2005):1483–37. 894–900.

[21] S. Proctor et al. Lipid Technology 22.5 (2010): 103–106.

[22] F. Kummerow. The negative effects of hydrogenated trans fats and what to do about them. Atherosclerosis. Lipid Technology 205.2 (2009):458–65.

[23] A. Simopoulos. Evolutionary aspects of diet, the omega-6/omega-3 ratio and genetic variation: nutritional implications for chronic diseases. Biomedicine & Pharmacotherapy 60 (2006): 502–507.

[24] A. Sanchez, J. Reeser, H. Lau, P. Yahiku, R. Willard, P. McMillan, S. Cho, A. Magie. Role of sugars in human neutrophilic phagocytosis. American Journal of Clinical Nutrition 26.11 (1973):1180–1184.

[25] S. Roberts. High-glycemic index foods, hunger, and obesity: is there a connection? Nutrition Review 58 (2000):163–169.

[26] S. Seeley. Diet and breast cancer: the possible connection with sugar consumption. Medical Hypotheses 11.3 (1983):319–27.

27 L. Tappy and K. Anne-Le. Metabolic effects of fructose and the worldwide increase in obesity. Physiological Reviews 90 (2010):23–46.

28 Siehe zum Beispiel: www.naehrwertrechner.de/naehrstoffe/kohlenhydrate. html oder www.atkins-diaetplan.de/kohlenhydrate_tabelle.html oder www. kohlenhydrate-tabellen.com/kohlenhydrate-tabellen/

29 H. Biesalski. Meat as a component of a healthy diet—are there any risks or benefits if meat is avoided? Meat Science 70.3 (2005):509–24.

30 C. Daley, A. Abbott, P. Doyle, G. Nader, S. Larson. A review of fatty acid profiles and antioxidant content in grass-fed and grain-fed beef. Nutrition Journal 9.10 (2010): http://www.nutritionj.com/content/9/1/10 (auf Englisch)

31 C. Masterjohn. The Incredible, Edible Egg. www.cholesterol-and-health.com (July 2005): http://www.cholesterol-and-health.com/Egg_Yolk.html (auf Englisch)

32 M. Fernandez. Dietary cholesterol provided by eggs and plasma lipoproteins in healthy populations. Clinical Nutrition & Metabolic Care 9.1 (2006): 8–12.

33 K. Herron, I. Lofgren, M. Sharman, J. Volek, M. Fernandez. High intake of cholesterol results in less atherogenic low-density lipoprotein particles in men and women independent of response classification. Metabolism 53.6 (2004): 823–30.

34 Der MSC hält eine App und länderspezifische Herstellernachweise bereit: www.msc.org/wo-kaufen/produktsuche/

35 E. Mattick and J. Golding. Relative value of raw and heated milk in nutrition. Lancet 2 (1936):703–6.

36 www.paleodietlifestyle.com/you-and-your-gut-flora (auf Englisch)

37 www.bvl.bund.de/DE/01_Lebensmittel/01_Aufgaben/02_AmtlicheLebens mitteluebewachung/09_PSMRueckstaende/01_nb_psm/nbpsm_2011_ node.html (Zugriff 31.1.2014); sowie BVL-Report 8.3 Berichte zur Lebens-mittelsicherheit. Monitoring 2012. Bundesamt für Verbraucherschutz und Lebensmittelsicherheit (BVL), Berlin 2013.

WICHTIGE BÜCHER UND WEBSITES

Die ernährungswissenschaftlichen Theorien in diesem Kochbuch stützen sich auf die Arbeit von Ernährungsfachleuten, die sich seit Jahrzehnten mit den wissenschaftlichen Hintergründen von Ernährung und Krankheit befassen. Nachfolgend sind einige wichtige Paleo-Vorreiter mit Publikationen und Webseiten aufgeführt.

ROBB WOLF,

Biochemiker und Autor des *New-York-Times*-Bestsellers *The Paleo Solution*. Wolf steckt hinter dem legendären Podcast *The Paleo Solution* (die Folgen sind auf iTunes kostenlos erhältlich, aber nur auf Englisch).
www.robbwolf.com

CHRIS KRESSER

praktiziert integrative Medizin und publiziert Artikel zu allen aktuellen wissenschaftlichen Streitpunkten zur Ernährung. Der Podcast *Revolution Health Radio* liefert kostenlos das Neueste aus der Welt der Ernährung.
www.chriskresser.com

MARK SISSON,

ehemaliger Ausdauersportler und Bestseller-Autor *(The Primal Blueprint)*. Er hat sich der Aufgabe verschrieben, wirklich zuverlässige Informationen zu Gesundheit und Wohlbefinden bereitzustellen. Als wandelndes Lexikon in Sachen Höhlenmenschernährung listet Sisson zu praktisch allen erdenklichen Speisen und Zutaten das Pro und Contra auf.
www.marksdailyapple.com

PAUL UND SHOU-CHING JAMINET

haben die *Perfect Health Diet* entwickelt. Paul war früher Astrophysiker, Shou-Ching ist Molekularbiologin und in der Krebsforschung tätig. Auf der Internetpräsenz der beiden kann man viel über Nahrungsergänzungsmittel und Lebensmittelempfehlungen nachlesen.
www.perfecthealthdiet.com (auf Englisch)

CHRIS MASTERJOHN,

ehemaliger Vegetarier und Doktor der Ernährungswissenschaften, der sich zum Cholesterinexperten entwickelt hat. Wer sein Blog *The Daily Lipid* verfolgt, begreift leicht, warum Cholesterin für die Gesundheit unverzichtbar ist.
www.cholesterol-and-health.com (auf Englisch)

CHARLES POLIQUIN

Auf seiner Lifestyle-Website findet man Informationen über effektive Ernährungsansätze und ganzheitliche Gesundheit.
www.charlespoliquin.com (auf Englisch)

SÉBASTIEN NOËL

veröffentlicht auf seiner Webseite Infos zu Ernährung und Fruchtbarkeit, Darmfunktion und Immunsystem und allen Aspekten rund um Paleo, vom Fettprofil verschiedener Nüsse bis hin zu Rezepten und Zubereitungstipps.
www.paleodietlifestyle.com (auf Englisch)

MIKE MAHLER

forscht am Thema Hormonoptimierung. Sein Buch *Live Life Aggressively!* erklärt, wie sehr die körpereigene Hormonregulierung durch Ernährung, Bewegung und Lebensführung beeinflusst wird. Auf seiner Webseite sind Artikel zu Hirngesundheit, Fettabbau und Stressbewältigung zu finden.
www.mikemahler.com (auf Englisch)

KURT HARRIS,

praktizierender Radiologe und Senior Member der Amerikanischen Gesellschaft für Neuroradiologie. Seine Grundregeln für gesunde Ernährung, die *Archevore Diet,* beruhen auf unverfälschten, vollwertigen Lebensmitteln.
www.archevore.com (auf Englisch)

SARAH MYHILL,

Vorsitzende der Britischen Gesellschaft für Ökologische Medizin. In ihrer Forschung konzentriert sie sich auf Ernährung, die Versorgung mit Mikronährstoffen, Allergien und Lebensweise. Mit umfassenden Ernährungstests hilft sie den Menschen, ihre Gesundheit in den Griff zu bekommen.
www.drmyhill.co.uk

NÄHRWERTTABELLE

Wer sich nach dem Paleo-Konzept ernährt, muss keine Kalorien zählen. Uns ist jedoch bewusst, dass manche Menschen gern eine Übersicht über ihren Kohlenhydrat- und Fettverzehr haben. Für all jene haben wir die folgende Nährwerttabelle zusammengestellt. Im Gegensatz zu maschinell erzeugten Fertiggerichten lässt sich der Nährwert beim Selberkochen allerdings nie hundertprozentig bestimmen. Schon das Gemüse ist unterschiedlich groß. Und manchmal möchte man ein dickeres Fischfilet, ein größeres Steak oder eine ordentliche Portion Gemüse, oder man hat gerade mal Appetit auf etwas mehr Süße. Deshalb sind die angegebenen Informationen Schätzwerte, die wir der Onlineanwendung *FitDay.com* entnommen haben.

Berechnet wurde jeweils eine Einzelportion unseres Rezepts. Wo wir Spielräume angegeben haben, also »1–2 Teelöffel« oder »für 4–5 Personen«, ist die kleinere Menge zugrunde gelegt, also ein Teelöffel oder vier Portionen. Fischfilets sind immer mit 150 Gramm angesetzt, Steaks mit 180 Gramm. Bei Dips, Ölen und Saucen gelten zwei Esslöffel als Einzelportion.

	Kalorien	Fett (g)	Kohlen-hydrate (g)	Protein (g)
Avocado, gefüllt	596	34	11	64
Baconleber	517	23	19	56
Blitzkebab (pro Spieß)	240	11	8	26
Blumenkohl-Fleisch-Tajine, cremig	202	4	2	33
Blumenkohlpizza	345	23	13	23
Blumenkohlpüree	83	5	9	3
Blumenkohlreis	97	5	12	5
Brombeer-Apfel-Streusel	444	35	30	10
Burger-Cupcakes				
(mit Kürbispüree)	157	11	0	13
(ohne Kürbispüree)	160	12	0	13
Chicken Vindaloo	551	27	18	53
Chili auf Blumenkohl	609	38	16	51
Chili-Karotten-Pommes	107	7	11	1
Chips, mediterran	77	3	13	1
Croûtons aus Wurzelgemüse	241	15	26	3
Eier mit Avocado und Thunfisch	528	25	9	69
Eifrei in den Tag	415	13	7	15
Estragonhuhn				
(ohne Kastanienauflauf)	594	9	4	16
(mit Kastanienauflauf)	1097	34	40	48
Fleischklößchen, italienisch	492	26	32	38
Fisch im Schlafrock	314	14	3	20
Fischfrikadellen mit Süßkartoffeln	456	27	27	29
Fischstäbchen	277	15	2	34
Fish & Chips (mit Erbsenbrei)	573	30	37	40
Frühstücksburger	275	20	12	14
Frühstückscalzone	429	33	7	54
Frühstücksmüsli, knusprig	533	25	19	7
Garnelencocktail	283	17	5	28
Garnelencurry	469	41	10	20

	Kalorien	Fett (g)	Kohlen-hydrate (g)	Protein (g)
Gemüseauflauf, mediterran	216	15	17	7
(ohne Ziegenkäse)	176	10	21	3
(mit Ziegenkäse)	236	15	27	7
Gemüsespaghetti				
(mittelgroße Zucchini, große Karotte, 8 EL Kürbis)	66	2	11	2
Gemüsespieße	125	3	25	2
Gewürzbananen	187	5	37	2
Gewürzöle (2 EL Olivenöl)	239	27	0	0
Grünkohlchips Salt & Vinegar	73	7	3	1
Guacamole (2 Esslöffel)				
(ohne Zwiebel)	128	10	10	3
(mit Zwiebel)	137	10	12	3
Hackbällchen mit Biss	267	16	10	20
Hackröllchen, libanesisch				
(ohne Blumenkohl)	669	41	14	60
(mit Blumenkohl)	705	44	16	61
Hähnchenschenkel, knusprige	272	13	5	32
Hühnerbrust à la Italienne, gefüllte	366	24	3	35
Huhn mit Kreuzkümmel und Ratatouille	463	28	26	30
Hühnercurry, schnelles	509	19	24	62
Jamaika-Lachs	264	13	2	33
Karotten in Zitrone und Thymian	38	0	9	1
Kastanienkekse	124	10	9	1
Ketchup (2 EL)	24	0	3	0
Kinofutter	480	23	34	5
Knoblauchgarnelen, süß	314	25	8	16
Kokos-Cashew-Konfekt	250	23	11	5
Kokosflocken, geröstet	36	3	2	0
Koriander-Omelett, zartes	466	39	11	21
(mit Huhn)	626	48	11	39
(mit Fisch)	592	40	11	47

	Kalorien	Fett (g)	Kohlen- hydrate (g)	Protein (g)
Kürbispüree	51	1	13	1
Kürbistaler, gebacken	91	0	24	2
Lachs, gebacken, mit Tomaten	285	10	15	36
Lamm, geschmort, mit Anchovis	1106	81	3	86
mit Süßkartoffeln und Brokkoli	1251	88	21	90
Lammburger, orientalisch	276	19	2	24
Leberpâté	263	20	3	10
Leberstreifen in Ei	514	20	10	70
Macadamianüsse, feurige	221	53	4	2
Makrele, gebraten	348	23	1	33
Marinara-Muscheln	422	10	10	37
Maronenkuchen	94	9	7	1
Matts deftiger Chorizoburger	350	24	3	29
Mayonnaise	249	28	0	0
Moussaka für echte Kerle	514	20	10	70
(mit Rind)	639	38	29	46
(mit Lamm)	656	45	29	35
Mums Mandel-Birnen-Tarte	457	40	22	7
Omega-3-Bombe	346	25	3	29
Paprika, gebacken	58	4	8	1
Paprika, gefüllt	534	40	34	19
Petersilienlachs und pochiertes Ei	340	15	3	46
Pflaumenkuchen	268	22	17	4
Piri-Piri-Huhn, schnell	617	12	3	16
Pochiertes Ei	74	5	0	6
Portugiesischer Mandelkuchen	126	8	11	4
Powerrollen	158	9	10	10
Putenburger, französisch	186	9	10	17
Putenburger mit Estragon	254	13	7	27
Putencurry mit Kokosmilch	959	58	40	77
Putentoast	285	17	0	31

	Kalorien	Fett (g)	Kohlen-hydrate (g)	Protein (g)
Restepfanne, schnell				
(mit Süßkartoffel)	137	10	20	2
(mit Brokkoli)	35	2	3	1
(mit Karotten)	42	2	5	0
(mit Zucchini)	20	2	0	0
(mit Sellerie)	30	2	2	0
Rindersteak mit Knofikartoffeln				
(ohne Sauce Béarnaise)	442	20	25	42
(mit Sauce Béarnaise)	709	48	27	46
Rührei mit Schnittlauch und Bacon	381	30	4	25
Rührei mit getrockneten Tomaten und Chorizo	285	24	2	15
Salat für den Veggie-Tag	455	40	16	16
Salatsandwich, deftig	287	10	2	26
Schoko-Erdbeeren (pro Stück)	252	21	17	3
Schokoladen-Macadamias	252	21	17	3
Schokomandelkuchen	423	32	33	5
Schokomaronenkuchen	447	32	38	4
Schottische Eier	260	20	4	16
Sellerie, gebacken	109	7	11	2
Senfburger	270	18	0	25
Senflachs	492	35	10	38
Shepherd's Pie	317	19	16	22
Spinat mit Tomaten und Pinienkernen	45	3	3	2
Süßkartoffelpüree mit Chorizo	473	32	29	17
Süßkartoffel-Wedges	308	16	39	5
Thaibarsch	234	8	6	33
Thaiburger				
(mit Pute)	233	13	2	26
(mit Huhn)	237	13	2	26
(mit Schwein)	291	20	2	25
Thai-Chicken mit Frühlingsreis	427	24	24	34

	Kalorien	Fett (g)	Kohlen-hydrate (g)	Protein (g)
Thaimuscheln	530	32	11	24
Tomaten, gefüllt	457	39	14	15
Tomaten, getrocknet, eingelegt (1 Stück)	15	1	1	0
Tomatensauce (2 EL)	29	2	4	0
Very British	518	34	27	25
(ohne Wirsing)	327	27	26	6
(mit Wirsing in Butter)	397	27	33	9
Vitalfritten	37	0	8	1
Walnüsse, geröstet (30 Gramm)	98	10	2	2
Wirsing in Butter				
(ohne Schinken)	56	3	7	2
(mit Schinken)	70	4	7	3
Zimtkürbis	179	11	23	3
Zitronen, eingelegt (pro Zitrone)	24	0	8	0
Zitronenhuhn mit Oliven	452	2	14	2
Zitrus-Ceviche mit Avocado-Tomaten-Salat	367	22	8	32
(mit Zwiebel)	405	22	20	34
(mit Jalapeño)	422	22	42	67
Zucchiniauflauf mit Rosmarin	235	18	4	16
Zucchini-Fritten	29	3	2	1
Zucchinipuffer	319	9	6	11

REZEPTVERZEICHNIS

 Mit Milchprodukten    Milchprodukte optional

Süße Sünden

REZEPTREGISTER

STICHWORTVERZEICHNIS

Achtung Weizen – gefährliches Hirnfutter!

Chronische Kopfschmerzen, Schlafstörungen, Demenz besiegen.

Der Neurologe Dr. David Perlmutter belegt mit neuesten wissenschaftlichen Erkenntnissen, dass genetisch veränderter Weizen unsere Gesundheit, speziell unsere Denkleistung und unser Gedächtnis, massiv angreift. Dr. Perlmutter zeigt dem Leser Alternativen mit kohlenhydratarmer und fettreicher Ernährung auf.

www.mosaik-verlag.de

352 Seiten

978-3-442-39257-5
auch als E-Book erhältlich